Rolf Geffken

Seeleute vor Gericht –
Authentische Erinnerungen eines Anwalts
aus den 1980er Jahren

Der Anwaltstochter Gerphil-Geraldine,
der Seemannstochter Cuican.

Rolf Geffken

Seeleute vor Gericht

Authentische Erinnerungen eines Anwalts aus den 1980er Jahren

Bibliografische Information

Die Deutsche Bibliothek verzeichnet diese Publikation in der Deutschen Nationalbibliografie; detaillierte bibliografische Daten sind im Internet über http://d-nb.de abrufbar.

In der Reihe „acht Grad Ost hinterm Deich" erscheinen Geschichten aus Bremerhaven und umzu mit spannenden und maritimen Themen für Groß und Klein, durchaus auch in Plattdütsch. Sie sind unterhaltsam, informativ, sinnlich und bereiten den Lesern mal kürzeres oder längeres Lesevergnügen. Genauso, wie die Profile unserer Deiche es vorgeben.

Text: Rolf Geffken, Cadenberge

Umschlaggestaltung: Yvonne Stachel, Bremerhaven

Gesamtherstellung, Verlag und Vertrieb:
Wirtschaftsverlag NW,
Verlag für neue Wissenschaft GmbH
Postfach 10 11 10
27511 Bremerhaven
E-Mail: vertrieb@nw-verlag.de
Internet: www.nw-verlag.de

1. Auflage 2011

ISBN 978-3-86918-050-2

Inhalt

»Kapitäne und Steuerleute erscheinen in Opern,
Romanen und Balladen. Das Hohelied des Helden,
der die Arbeit tut, ist nie gesungen worden.
Dieses Hohelied wäre auch zu brutal gewesen,
um das Entzücken derer hervorzurufen,
die das Lied gesungen haben wollten.«

B. Traven, *Das Totenschiff*

Vorwort

Dieses Buch enthält ausschließlich authentische Erinnerungen eines Anwalts über Gerichtsverfahren und andere Seeleute betreffende Ereignisse aus den 80er Jahren des letzten Jahrhunderts. Bis auf das Kapitel „Eine Seemannsfrau steht auf" sind die Namen aller Betroffenen unkenntlich gemacht oder verfremdet worden. Es ist kein Zufall, dass danach eine lang andauernde Zäsur eintrat: Das sog. Internationale Seeschifffahrtsregister verdrängte ab Mitte der 80er Jahre alle deutschen Seeleute und alle in Deutschland lebenden ausländischen Seeleute von Bord deutscher Schiffe. Auch wenn in diesem Buch die spezifischen Erfahrungen von Menschen auf hoher See verarbeitet werden: Die Erfahrung, vor allem bei Gericht „auf hoher See" zu sein, teilen diese mit all denen, die an Land leben und arbeiten.

Rolf Geffken

Ein menschliches Versagen

Gerhard Leipniz wartete schon seit fünf Monaten auf seine Ablösung. Eigentlich hatte er das Weihnachtsfest bei seiner Familie verbringen wollen, aber der Juniorchef der Reederei hatte abgelehnt.

„Glauben Sie mir", hatte der gerade mal dreißig Jahre alte Johnny Falkner gesagt, „ich habe händeringend Kapitäne für die Kleine Fahrt beim Arbeitsamt und anderswo gesucht. Es gibt niemanden. Nur Anfänger. Aber soll ich die vielleicht in die finnische Schärenküste schicken? Sie wissen doch, wie es da aussieht. Und außerdem: Schulte und Kleinert sind krank. Ich bitte Sie: Halten Sie durch. Ende Januar nach der nächsten Turku-Fahrt ist eine Ablösung da. So oder so. Und wenn wir uns `nen Käptn aus den Rippen schneiden."

Es war inzwischen halb vier morgens geworden. Leipniz stand auf der Brücke und starrte in die undurchdringliche von Schnee und Nebel vermischte Nacht. Meterhohe Wellen schlugen über das Vorderdeck. Zum achten Mal war Leipniz auf dem Weg von Bremen nach Turku für die Reederei ALGO. Das Schiff näherte sich der finnischen Küste. Die Gegend war voll gefährlicher Untiefen. Leipniz wusste das. Seit Stunden machte ihm die fehlende Sicht zu schaffen. Für einen Augenblick verließ sich Leipniz auf seinen 2. Offizier Marewski, der am Steuerbord-Radargerät stand. Marewski tauschte mit dem Matrosen Karac Informationen aus. Karac stand am Ruder.

Leipniz dachte an seine Frau. Vermutlich war sie schon ins Krankenhaus eingeliefert worden. Bei ihrem letzten Telefonat über Norddeich-Radio hatte sie entsprechende Andeutungen gemacht. Es war nicht ihre Art, große Worte zu machen. Vor allem nicht, wenn Leipniz auf See war und ohnehin nichts ausrichten konnte außer guten Wünschen. Aber gerade die Andeutungen waren es, die Leipniz in Sorge versetzten. Zugleich stieg in ihm eine leise Wut auf. Vor fünfundzwanzig Jahren hatte er bei ALGO als Jungmann angefangen. Schon vier Jahre später hatte er das Patent A 5 erworben und fuhr als 2. Offizier. Weitere sechs Jahre später hatte er das A 6 gemacht und musste noch mal zehn Jahre fahren und fahren, um dann schließlich als Kapitän, ausgestattet mit den Weihen des alten Chefs, anzutreten. Leipniz war nun der dienstälteste Kapitän. Er kannte nicht nur alle Schiffe der Reederei, sondern auch den Reedereibetrieb. Er wusste nur allzu gut, dass es mit der Zukunft der Reederei nicht zum Besten stand. Der Konkurrenzdruck war groß. Das musste ihm der Junior-Chef nicht erst erläutern. Von dem wusste er – wie seine Kollegen – allerdings auch, dass er nie zur See gefahren war, aber im Beisein ausgerechnet seiner Kapitäne stets von seiner 17-Meter-Yacht prahlte.

Warum musste ausgerechnet er, Leipniz, wieder den Lückenbüßer spielen? Warum konnte verdammt noch mal der Junior-Chef anstatt seine aufwendige Freizeit auf der Yacht zu verbringen nicht alle Hebel in Bewegung setzen, um eine Ablösung zu finden?

Leipniz fand auf die Fragen keine Antworten. Er fühlte sich fast wie ein Stück Inventar von ALGO. Wie ein Schiff, das eben laufen musste, selbst wenn es einige Jahre auf dem Buckel hatte. Ein Schiff, das nicht fragt und das auch nicht gefragt wird. Das nur gebraucht wird. Das wichtig ist. Das genügte. Aber dieses Gefühl der eigenen Unersetzlichkeit beruhigte Leipniz nicht mehr. Es schien ihm, als hätte er über Jahre hinweg nur an das Wohlergehen der Reederei, nicht aber an sich selbst und auch nicht an seine Frau und seine Familie gedacht. Die Kinder waren inzwischen aus dem Haus. Was hatten sie eigentlich von ihrem Vater gehabt? Er war Besucher gewesen. Und wenn er kam, dann kam er für längere Zeit. Nie war er das Gefühl losgeworden, schon nach wenigen Wochen zur Last zu fallen. Irgendwo und irgendwie im Alltagstrott der Familie im Weg zu sein, eigentlich: überflüssig zu sein. Dann hatte es ihn wieder zur See gezogen. Doch jetzt? War da nicht eine Grenze erreicht?

„Verdammt noch mal, warum kommen die denn nicht!"
Leipniz wurde von Marewski aus seinen Gedanken gerissen. Wer sollte kommen? Ach ja, man hatte den Lotsen angefordert. Durch die Schären bei diesem Wetter wollte Leipniz nicht alleine fahren. Obwohl, er hatte es mehrmals getan. Und Falkner hatte dies sogar

einem jüngeren Kollegen von Leipniz vorgehalten. Man sollte doch auf die Kosten achten. Wer gut navigieren könnte, müsse nicht immer den Lotsen bestellen. Eine dumme Bemerkung, so schoss es plötzlich Leipniz in den Kopf. Kosten! Was würde Falkner wohl sagen, wenn ohne Lotse das Schiff auf Grund gesetzt würde? Ach was, dachte Leipniz, Falkner hätte für alles eine Rechtfertigung und Erklärung. Für alles und jedes aber auch einen Grund zum Meckern. Bestimmt hätte in dem Fall der Lotse bestellt werden müssen. Nur: wer wusste das schon vorher?

„Haben Sie es nicht über Funk versucht?", fragte er Marewski. Marewski hatte es versucht, und zwar mehrmals. Irgendwie war der Kontakt nicht zustande gekommen. Der Teufel wusste, woran das lag. Bei diesem Wetter war alles möglich. Vielleicht hatte das Lotsenboot sie verfehlt. Niemand wusste eine Antwort.

Das Schiff arbeitete schwer in der rauen See. Es war ein RoRo-Schiff, beladen mit Trailern im Unterraum und im Rolldeck. Die Trailer waren mit Stückgütern, Eisen und Chemikalien beladen. Zwei Tankcontainer enthielten Titantetrachlorid.

„Da! Utö-Leuchtfeuer! Sehen Sie?" Tatsächlich: Es herrschte Süd-Südost-Wind mit Stärke 9 und grober See. Starke Schnee-schauer hatten die Sicht teilweise völlig behindert. Doch als das Schiff in die 10 °- Feuerlinie eindrehte, konnten sie das Leucht-feuer von Utö zwischen den Schneeschauern sehen. Utö war eine gewaltige Felseninsel vor der finnischen Küste, etwa 10 Seemeilen noch von Turku entfernt. Auf der Insel hatte man eine Lotsensta-tion eingerichtet. Ein Leuchtfeuer wies den Schiffen auch nachts den Weg. Schon geraume Zeit vorher hatte der 2. Offizier über UKW-Kanal 13 die Lotsenstation um einen Lotsen gebeten. Erst jetzt merkten sie, dass sie entgegen allen Berechnungen sehr lang-sam vorangekommen waren. Sie hatten geglaubt, längst an Utö vorbei zu sein. Vermutlich hatte das Lotsenboot auf sie vergeblich gewartet.

Diesmal klappte die Verbindung tatsächlich: Das Lotsenboot hatte auf dem mitgeteilten Kurs vergeblich gewartet. In klar ver-ständlichem Englisch wies die Lotsenstation die Schiffsführung der „ALGO I" an, nach dem Passieren des Schärenfelsens Tratten, der sich etwa drei Seemeilen voraus auf Steuerbordseite befand, den Lotsen zu erwarten. Außerdem sollte auf Steuerbordseite das Lotsengeschirr klargemacht werden.

„Marewski! Geschwindigkeit langsam verringern, Kurs 352 ° halten." Die Geschwindigkeit verringerte sich allmählich. Nach einer halben Stunde konnten sie tatsächlich im Radar das Lotsenboot gut erkennen. Es befand sich eine Seemeile entfernt Steuerbord voraus. Plötzlich setzte eine starke Schneeböe ein mit Stärken von 9 bis 10 aus Süd-Südost. Utö-Oberfeuer und die Richtfeuerlinie 352 ° verschwanden.

Leipniz wies Marewski nochmals an, die Geschwindigkeit zu verlangsamen. Der erste Offizier war inzwischen ebenfalls auf die Brücke gekommen. Es war 4.00 Uhr.

Das Lotsenboot kam näher. Schließlich konnten sie es auf einer Entfernung von 200 m schemenhaft erkennen. Das Schiff drehte nach Backbord bis auf 280 °, um mit der Steuerbordseite gegen den starken Wind Lee zu machen. Das Lotsenboot kam längsseits. Doch bevor der Lotse die Strickleiter erklimmen konnte, fing das Lotsenboot an heftig zu rollen und schlug gegen die Bordwand der „ALGO I". An den schweren Erschütterungen, die im Schiffsinneren zu spüren waren, ließ sich erahnen, dass das Lotsenboot stark beschädigt wurde. Tatsächlich waren die Aufbauten an Backbordseite eingedrückt und heruntergebrochen.

„Propellersteigung auf voll zurück! Bugstrahlschub nach Backbord. Schiff auf Position halten!" Leipniz gab seine Befehle eher mechanisch. Er kannte solche gefährlichen Situationen. Für Hektik bestand keine Veranlassung. Doch das Schiff reagierte schwerfällig und wollte nicht durch den Wind drehen. Leipniz entschloss sich, das Schiff mit „Voll zurück" und Bugstrahlschub nach Steuerbord zurückzuziehen und legte den Steigungshebel auf „Voll" zurück.

Marewski schrie plötzlich: „Echo in ca. 45 ° an Steuerbord! Auflaufgefahr Käptn!" Im selben Moment überbrachte der Funker die Nachricht, dass Utö-Lotsenstation auf Kanal 13 mitgeteilt habe, „ALGO I" befände sich in einer gefährlichen Position. Die Lotsenstation hatte empfohlen, umzudrehen und nach See zu dampfen, um zu einem späteren Zeitpunkt die Lotsenübernahme zu wiederholen. Leipniz riss dem Funker das Mikrofon aus der Hand und fragte in englischen Wortfetzen: „Kann der Lotsenkutter vor uns herlaufen? Können wir die Übernahme in ruhigerem Wasser wiederholen?" Es kam keine Antwort. Für einen Moment herrschte völlige Ratlosigkeit. Da tauchten die Positionslampen eines nach Lee gehenden Fahrzeugs in ca. 2 Seemeilen Entfernung auf. Die Schneeschauer hatten sich zwischenzeitlich etwas gelichtet. Plötzlich ging ein infernalisches Krachen durch das Schiff. Leipniz vermutete, dass sich einer der auf dem oberen Deck befindlichen Trailer gelöst hatte und über Bord gegangen war. Er wollte gerade den Rudergänger auf Deck schicken, um nach dem Rechten sehen zu lassen. Doch nein: Er mochte den Gedanken kaum aussprechen. Sofort telefonierte er mit dem wachhabenden 2. Ingenieur:

„Hallo? Herr Holtmann? Bitte kontrollieren Sie sofort den Motorenraum auf Wassereinbuch." – „Okay, Käptn. Bin schon unterwegs."

Kurz darauf krachte es erneut. Diesmal stärker und noch gewaltiger als zuvor. Eine Kaffeetasse flog quer durch den Brückenraum. Der Strom fiel aus. Gott sei Dank: Wenigstens die Notbeleuchtung glimmte auf. Alle Störungslampen leuchteten. Im ganzen Schiff war der durchdringende Schrei der Alarmsirene zu hören. Es bestand kein Zweifel mehr: Das Schiff war aufgelaufen.

Das Schneetreiben war noch stärker geworden. Inzwischen war Windstärke 10 erreicht. Es gab überhaupt keine Sicht mehr. Leipniz nahm sofort mit der Lotsenstation Verbindung auf. Der erste Offizier – längst wieder zurückgekehrt – löste den Generalalarm aus. Die Maschinenbesatzung wurde aus dem Maschinenraum auf die Brücke beordert und der Rudergänger von der Brücke geschickt, um alle Kammern zu kontrollieren. Jetzt kam es auf jede Sekunde an. Wer jetzt noch in seiner Koje schlief, war später vielleicht nicht mehr zu retten.

Die Lotsenstation meldete sich und eröffnete der Schiffsleitung, dass man auf den bei dieser See unsichtbaren Felsen „Steenharun" aufgelaufen sei. Das bedeutete, dass das Schiff vollkommen von seiner ursprünglich vorgesehenen Route abgewichen war. Es war praktisch auf 232 ° verblieben, anstatt auf 362 ° zu wechseln. Doch das waren Gedanken, für die jetzt keine Zeit mehr verschwendet werden konnte. Soeben war sogar die Notbeleuchtung ausgegangen. Der Funker wurde beauftragt, eine Notmeldung abzusetzen. Über den Äther erklang das bekannte SOS. Auf der Brücke hatten sich inzwischen alle Besatzungsmitglieder versammelt. Leipniz persönlich kontrollierte die Vollzähligkeit der Besatzung. Schwimmwesten wurden ausgegeben. Der erste Offizier ließ die Rettungsboote klarmachen zum Ausschwingen. Der zweite Offizier stellte sicher, dass beide Anker geworfen wurden.

Inzwischen stand das Wasser im Maschinenraum bis zu den Brennstoffpumpen am Hauptmotor und stieg bis Höhe deren Oberkante. Immer wieder wurde das Schiff von starken Schlägen erschüttert. Es arbeitete infolge des Seegangs stark auf den Klippen.

Der erste Offizier meldete, dass bei diesem Seegang und den teilweise nur knapp unter der Wasseroberfläche befindlichen Felsen ein Ausschwingen der Rettungsboote zu gefährlich sei. Nochmals wurde die Lotsenstation gerufen. Leipniz bat dringend um einen Hubschrauber für die Besatzung.

Er selbst wollte zusammen mit dem ersten Offizier, dem Chief, wie der erste Ingenieur unter Seeleuten genannt wird, und dem Funker an Bord bleiben. Doch es dauerte und dauerte, bis Hilfe kam. Inzwischen hatte sich das Schiff gefährlich zur Seite geneigt. Immer noch war die gesamte Besatzung auf der Brücke versammelt. Die einzelnen Besatzungsmitglieder einschließlich des Kapitäns hielten sich an den festmontierten Einrichtungen und Instrumenten der Brücke fest. Das Schiff nahm Wasser. Schneller als manch anderes Schiff. Als Fährschiff besaß es praktisch keine Schotten. Ein Glück, dass es wenigstens auf dem Felsen einigermaßen festzusitzen schien. Es konnte zwar zerbrechen und das jederzeit. Aber ein völliges Versinken schien unwahrscheinlich. Gleichviel: Der Tod war nahe. Leipniz hatte alles getan, was er tun konnte. Darin waren sich die Männer auf der Brücke einig. Jetzt galt es nur noch zu warten.

Endlich, um 10.30 Uhr, kam der Hubschrauber. Die ersten 10 Besatzungsmitglieder gingen mit. Fünfzehn Minuten später wurden die restlichen vier geborgen. Auch der erste Offizier ging mit. Leipniz war der Meinung, dass nur der Chief und der Funker mit ihm an Bord bleiben sollten.

Leipniz wurde später nie gefragt, warum er eigentlich an Bord blieb, wo doch das Schiff offensichtlich verloren war. Er wäre vermutlich immer an Bord geblieben, wenn er nicht zwangsweise von Bord geholt worden wäre. In seinem Bericht über die Havarie vermerkte er trocken: „Die verbliebenen drei Mann, Kapitän, 1. Ingenieur und Funkoffizier, wurden auf Anordnung der Militärbehörde um 12.55 Uhr von Bord geholt."

Die finnischen Behörden wollten es so. Nur fünfzehn Minuten später zerbrach das Schiff. Seine Reste verschwanden für immer zwischen den Felsen der finnischen Ostküste.

Leipniz' einziger Gedanke war: Gott sei Dank, alle sind gerettet. Merkwürdig: Diesen Gedanken hatte er auch noch, als er in Bremen vor dem Junior-Chef stand. Irgendwie hatte er gemeint, dass Falkner ihm wohl seine Anerkennung aussprechen würde. Schließlich war es die erste Havarie in seiner seemännischen Laufbahn und selbst die finnischen Lotsen hatten sie nicht verhindern können. Doch es kam alles ganz anders. Leipniz hatte offenbar zu Unrecht Falkners „Rechthaberei" vergessen. Falkner hörte sich teilnahmslos den Bericht von Leipniz an. Noch bevor Leipniz geendet hatte, schnitt ihm Falkner das Wort ab:

„Wir müssen uns leider von Ihnen fristlos trennen. Sie sehen ja, die ALGO II geht weg und die ALGO I müssen wir als Totalverlust rechnen. Außerdem: Das Schiff war doch in Ordnung. Maschine, Bugstrahl, Radar, alles okay. Da müssen wir ja wohl annehmen, dass die Fehler menschlich waren, oder? Herr Leipniz?"

Noch bevor Leipniz antworten konnte (eine Antwort war offenbar sowieso nicht erwartet), dozierte der 17-Meter-Yacht-Kapitän weiter: „Sie bekommen das alles noch schriftlich. Nehmen

Sie sich mal einen guten Anwalt. Den können Sie jetzt gebrauchen. Also dann: Alles Gute. Wir hören voneinander."

Falkner gab Leipniz die Hand. Leipniz schlug tatsächlich in diese Hand ein. Er wusste selbst nicht warum. Er hatte so ziemlich alles während seiner seemännischen Laufbahn erlebt. Gevatter Tod hatte er nicht nur einmal ins Auge geschaut. Immer hatte er ruhig und besonnen auf all das reagiert, was eine Landratte mit Sicherheit zum Ausflippen gebracht hätte. Nichts konnte ihn aus der Ruhe bringen. Durch nichts ließ er sich „verdattern". Aber hier? Menschliches Versagen? Noch schriftlich? Guten Anwalt nehmen?

Leipniz ging nach Haus. Seine Frau war gerade aus dem Krankenhaus zurückgekehrt. Die Operation war geglückt. Doch sie konnte noch nicht aufstehen. Sie hatte starke Schmerzen. Auf dem Weg nach Hause fühlte Leipniz plötzlich, dass er alles andere war als ein „Master under God", für den so manche einen Kapitän hielten. Er war allein. Er war klein und schwach. Er kam sich vor wie ein „begossener Pudel", nein: schlimmer. Für einen Moment hatte er dasselbe Gefühl, wie vor gut dreißig Jahren, als er mit einem blauen Brief von der Schule aus zum Elternhaus zurückkehrte. Nein, auch das war falsch. Zu Hause erwartete ihn keine Standpauke. Im Gegenteil: Konnte er seiner Frau überhaupt alles berichten? Musste er ihr nicht gerade in ihrem jetzigen Zustand eher alles verschweigen. Aber wie? Sie wusste doch von der Havarie. Leipniz fühlte sich plötzlich hilflos. Er war den Tränen nahe. Und tatsächlich: er weinte. Was sollte er tun?

Zu Hause angekommen, sah seine Frau ihm ins Gesicht und wusste alles. Noch bevor er selbst seine Gedanken richtig gefasst hatte, sagte sie in ruhigem und sicherem Ton: „Du gehst jetzt zu einem Anwalt, noch heute. Kopf hoch, wir schaffen das."

Ja, so hätte er vielleicht auch gesprochen, wenn der Rudergänger mit einem Problem zu ihm gekommen wäre oder irgendjemand anderes auf dem Schiff. Aber er selbst hatte keinen Käpt'n. Oder vielleicht doch? Ja, er hatte einen. Und für einen kleinen Moment strich ein Lächeln über sein Gesicht. Ein Aber war zwecklos. Er tat wie ihm geheißen.

Als sich Leipniz auf dem Weg zu Rechtsanwalt Goffers machte, hatte er schon die schriftliche Kündigung in der Tasche. Nun hatte er es schwarz auf weiß: „… Sehen wir uns leider gezwungen, Ihnen die bereits am 02.02.1981 in Aussicht gestellte außerordentliche Kündigung Ihres Anstellungsverhältnisses zum Ablauf Ihres Urlaubs am 13.02.1981 auszusprechen. – Grund der fristlosen Kündigung, die wir auf § 78 Abs. 4 Seemannsgesetz basieren, sind Ihre nautischen Fehlleistungen, die ursächlich waren für die Strandung mit der Folge des Totalverlustes unseres MS ‚ALGO I' am 15.01.1981 … – Hilfsweise sprechen wir Ihnen zugleich die ordentliche Kündigung Ihres Anstellungsverhältnisses gemäß § 78 Abs. 3 Seemannsgesetz aus. gez. ALGO Reederei Richard Falkner & Söhne"

Der Weg zu Rechtsanwalt Goffers war weit. Seine Frau hatte sich beim Verband der Kapitäne schon erkundigt: Zuständig war das Arbeitsgericht Hamburg. Kein Gericht in Bremen oder in Bremerhaven. Und Goffers sollte selbst zur See gefahren sein. Er war bei den Reedereien einigermaßen unbeliebt. Schon vorher hatte Leipniz den Namen gehört, als Falkner Junior über das angeblich „rote" Arbeitsgericht Hamburg und über einen Rechtsanwalt, der genauso schlimm sei wie die dortigen Richter, getobt hatte. Ganz verstanden hatte Leipniz nicht, weshalb ein Anwalt, der für die Interessen von Seeleuten eintrat, „rot" sein musste oder vielleicht sogar „rot" war. Tatsächlich rot war nur das Gesicht von Falkner Junior, der sich offenbar furchtbar über den Ausgang eines Prozesses geärgert hatte. Damals noch hatte Leipniz ein gewisses Verständnis für Falkner aufgebracht. Schließlich hatte er sich als lebendes Inventar der Reederei gefühlt. Im Nachhinein allerdings musste er sich gestehen, dass dieses Verständnis einigermaßen unverständlich war, denn er kannte weder den Fall noch das Besatzungsmitglied, um das es damals gegangen war. Später hatte er gehört, es sollte ein philippinischer Offizier gewesen sein, dem man gekündigt hatte, weil er bei Einstellung seine Gewerkschaftsmitgliedschaft verschwiegen hatte und später die Tarifheuer einklagen wollte. Der Filipino hatte gewonnen. Falkner hatte doziert: Was nützen mir die ausländischen Seeleute, wenn sie dasselbe kosten wie die hiesigen? Eine Äußerung, die – wie Leipniz fand – offenbar doch einiges darüber aussagte, wozu ausländische Seeleute Falkner und anderen Reedern „von Nutzen" sein sollten. Der Nutzen, den er, Leipniz, der Reederei gebracht hatte, schien im Nachhinein offenbar ja auch nicht viel wert gewesen zu sein. Fünfundzwanzig Jahre und dann, wie der Juniorchef sogar selbst formulierte, ein „menschlicher Fehler"! Obwohl: Worin sein Fehler bestanden haben sollte, wusste er bis jetzt nicht. Falkner hatte mündlich zum Kündigungsschreiben ergänzt, dass er aufgrund der Berichte der Schiffs- und Maschinenleitung zu dem Ergebnis gekommen sei, dass Navigationsfehler vorgelegen hätten. Er hatte noch hinzugefügt, er könne das beurteilen, weil er da selbst Erfahrungen hätte. Erfahrungen mit einer 17-Meter-Yacht! Plötzlich musste Leipniz lachen. Es brach aus ihm heraus. Ein schallendes, scheinbar explosives Gelächter.

Die Fahrgäste drehten sich verwundert um. Der Mann sah doch ganz normal aus. Hatte der vielleicht getrunken? Sie fanden keine Antwort und wendeten sich wieder in Richtung der Zugfenster. Der Schienenbus hatte Bremervörde passiert und war in Richtung Stade unterwegs. Leipniz hatte zwar einen Pkw, aber keinen Führerschein. Er, der als Schiffsführer die Weltmeere gekreuzt hatte, fühlte sich auf den Straßen an Land nicht sicher. Seine Frau konnte ihn nicht nach Hamburg bringen. So fuhr er mit der Bahn.

In Altona, nicht weit vom Bahnhof entfernt, fand Leipniz das Büro des Rechtsanwaltes Goffers nach längerem Suchen in einer Seitengasse. Ein bisschen enttäuscht war er schon. Er hatte nicht gedacht, dass ein Mann, vor dem Falkner offensichtlich einige Angst hatte, in einem kargen Büro residierte. Aber vielleicht lag seine Enttäuschung auch nur an dem Umstand, dass er sich an Land so manches Mal von falschem Schein hatte trügen lassen. Auf See konnte ihm das nicht passieren.

Aber an Land gab es halt jede Menge trockene Haifische, die es verstanden, dem Seemann das Geld aus der Tasche zu ziehen, ohne dass sich auch nur eine müde Mark davon gelohnt hätte. Nicht nur einmal hatte er sich von seiner Frau vorhalten lassen müssen, dass er von Geld nichts verstände und dass er nicht so naiv irgendwelchen Geldschneidern auf den Leim gehen solle. Es hatte nichts genützt. Es war ihm wiederholt passiert. Bis er schließlich die Finanzangelegenheiten an Land ganz seiner Frau überlassen hatte.

Plötzlich fiel es ihm ein: Der war ja offensichtlich auch gefahren. Was spielte da sein Büro eine Rolle. Viel wichtiger erschien Leipniz plötzlich, wo er gefahren war, dieser Goffers. Wie lange und mit welchem Patent.

Als er schließlich Goffers gegenüberstand, waren diese Fragen vergessen. Goffers hörte sich alles in Ruhe an, unterbrach ihn aber mehrmals und meinte bei einigen Punkten, die Leipniz wichtig erschienen, dass das nicht wichtig sei. Leipniz solle sich auf das Wesentliche beschränken. Offenbar war ihm das nicht gelungen. Das Wesentliche fand Goffers durch einige Fragen heraus. Am Ende des Gespräches hatte Leipniz eigentlich den Eindruck, dass Goffers irgendwie nur einen kleinen Teil der Geschichte mitbekommen hatte. Trotzdem (oder vielleicht gerade deswegen?) war Goffers aufgestanden, hatte Leipniz die Hand geschüttelt, ihn zur Tür begleitet und beim Hinausgehen gesagt: „Klare Sache, lieber Herr Leipniz. Mit der Kündigung kommen die nie durch. Das ist so sicher wie das Amen in der Kirche. Grüßen Sie Ihre Frau. Schönen Tag noch. Ich melde mich."

Die Bürotür war ins Schloss gefallen. Leipniz stand im Treppenhaus etwas verwirrt und doch erleichtert. Natürlich hätte er diese Sache, die schließlich ihn auch als Kapitän betraf, selbst in die Hand genommen. Doch als die Tür ins Schloss fiel, stand er für einen Moment neben sich selbst und empfand sich wie eine Art Jungmann, der gerade beim Käpt'n ein wichtiges Problem vorgetragen hatte, freundlich und knapp bedient wurde und nun sich selbst so klug wie zuvor erschien. Wenn es ein guter Käptn war, dann hätte dem Jungmann das schlichte Vertrauen in dessen Worte genügt. Wenn es ein schlechter Käpt'n war, ja dann…

Goffers hatte beim Arbeitsgericht Hamburg eine Klage eingereicht, in der er in dürren Worten die Rechtswidrigkeit der fristlosen, aber auch einer hilfsweisen ordentlichen Kündigung darlegte. Es werde bestritten, dass seitens des Klägers, also Leipniz, irgendwelche arbeitsvertraglichen Fehlleistungen vorgelegen hätten. Es werde auch bestritten, dass Navigationsfehler, für die der Kläger verantwortlich gewesen wäre, zur Havarie des Schiffes geführt hätten. Im Übrigen sei die Reederei in vollem Umfang „darlegungs- und beweispflichtig".

Das schien Leipniz dann doch etwas zu dürftig. Er hatte zwar noch nie eine Kündigungsschutzklage gesehen, aber war das nicht etwas zu bescheiden formuliert? Sollte man ausgerechnet darauf warten, dass die Reederei ihren Standpunkt dem Gericht gegenüber darstellen würde? Würde man dadurch nicht von vornherein ins Hintertreffen geraten? Leipniz wollte Goffers anrufen. Doch für einen Moment hielt er inne. War er in dieser Sache nicht doch eher Jungmann als Käptn? Gab es nicht vielleicht gute Gründe für eine so sparsame Klage? Vielleicht. Aber wenn ja, welche?

Leipniz rief beim Verband der Kapitäne an. Der Vorsitzende des Ortsvereins, mit dem er schon die Schulbank gedrückt hatte, hatte schon von dem Fall gehört und seiner Frau auch empfohlen, Goffers aufzusuchen. Es war der ehemalige Kapitän Schmidt, der dreißig Jahre beim Lloyd gefahren war. Schmidt war durch und durch konservativ. In den Verdacht, irgendetwas „Rotes" an sich oder für sich zu haben, konnte er eigentlich kaum gelangen. Und doch (oder gerade deshalb) war für Schmidt das einzige Kriterium der Wahrheit oder besser: der richtigen Einschätzung eines Menschen die Frage, ob dieser gefahren war oder nicht. War er es, dann konnte man mit ihm zur Not tatsächlich ein Gespräch führen. War er vielleicht sogar viele Jahre als Kapitän gefahren, dann konnte man sogar ein intensives Gespräch mit einem solchen Menschen führen. War er überhaupt nicht zur See gefahren, so beschränkte sich jede Kommunikation auf ein gesellschaftliches Mindestmaß. Das war dann eine Art von Brummeln, das bei Outsidern meistens falsch interpretiert wurde. Ganz schlimm konnte es werden, wenn es sich um Leute handelte, die nicht zur See gefahren waren, aber trotzdem meinten, von der Sache etwas zu verstehen oder sogar Seeleuten oder Kapitänen in ihre Angelegenheiten hineinzureden. Genauer gesagt: wenn es sich um höhere

Reedereiangestellte oder gar Reeder handelte, die von manchem eine Ahnung hatten, nicht aber von der christlichen Seefahrt. Leipniz kannte Schmidt. Als ihm diese Gedanken durch den Kopf gingen, dachte er: Eigentlich müsste der Schmidt ganz besonders schlecht auf den Falkner jun. zu sprechen sein, vor allem, wenn er meine Geschichte hört.

Schmidt hatte die Geschichte schon gehört. Erst von Leipniz' Frau, später auch von anderer Seite. Natürlich war es nicht seine Art, mit Gott und der Welt über diese Geschichte zu reden. Seine Gedanken hatte er sich allerdings schon gemacht und er wusste, weshalb er Rechtsanwalt Goffers empfohlen hatte. Goffers lag bestimmt nicht auf seiner Linie. Das war irgend so ein Sozi oder vielleicht sogar noch weiter links. Genau wusste das Schmidt nicht. Aber er wusste, dass Leute wie Falkner jun. diesen Goffers hassten. Und Schmidt, der seine Gefühle selten zum Ausdruck brachte, kochte innerlich im Angesicht dieses Falles. Natürlich hätte er nicht zugegeben, dass er Falkner jun. gehasst hätte. Aber tatsächlich war das eine Menschengattung, die er zutiefst verachtete. Diese Leute verstanden weniger von der Seefahrt und von Seeleuten als die Direktoren des hiesigen Schifffahrtsmuseums, die auch nicht gerade zu Hause Kapitänspatente gesammelt hatten.

Als Schmidt die Stimme von Leipniz am Telefon vernahm, schien plötzlich ein anderer Schmidt zu sprechen als der, den viele vorher (auch Leipniz) gekannt hatten: „Na endlich, Leipniz. Habe schon lange auf Ihren Anruf gewartet. Weiß im Wesentlichen Bescheid, um was es geht. Na ja, Sie waren ja schon bei Goffers. Nehme an, dass er nicht viele Worte gemacht hat. Das will ich auch nicht. Aber ich kann Ihnen sagen, dass wir auf Ihrer Seite stehen, Leipniz. Und übrigens: Wenn Sie die Klagschrift erhalten sollten, wundern Sie sich nicht darüber, dass sie vermutlich recht knapp ausfällt. In Kündigungsschutzrechtsstreitigkeiten ist der Arbeitgeber in vollem Umfang darlegungs- und beweispflichtig. Würde Ihr Anwalt den ganzen Sachverhalt aus Ihrer Sicht darstellen, so hätte er möglicherweise mehrere Pfeile aus dem Köcher schon verschossen. Vorsicht ist die Mutter der Porzellankiste. Jetzt muss erst einmal abgewartet werden, was dieser ekelhafte Falkner da zustande bringt. Bin gespannt, wen er als Anwalt beauftragt."

Schmidt hatte Gott sei Dank die Fragen von Leipniz beantwortet, bevor sie gestellt werden konnten. Leipniz fühlte noch einmal ganz deutlich, dass er an Land eine Art Jungmann war. Er kannte sich einfach nicht aus. Aber es gab andere, die sich auskannten und die ihm zur Seite standen. Seine Frau, der alte Kapitän Schmidt und dieser Rechtsanwalt Goffers. Nach dem Telefonat mit Schmidt fiel Leipniz zum ersten Mal ein großer Stein vom Herzen. Er schlief die folgende Nacht fest und tief wie niemals zuvor in seinem ganzen Seemannsleben.

Richter Rumm war Vorsitzender einer Kammer für Seeschifffahrts-Sachen. In ganz Deutschland gab es nur zwei Kammern. Den Vorsitz der anderen Kammer hatte sein Kollege Apfel. Apfel wurde nachgesagt, er spekuliere auf das Amt des Präsidenten. Über Rumm existierten solche Gerüchte nicht. Rumm hatte keine Karriereabsichten. Er hatte überhaupt ein eigenwilliges Verhältnis zum Gesetz, vor allem zur Prozessordnung. Obwohl es doch im Zivilprozess eigentlich nur darauf ankam, was die Parteien vortrugen, hatte Rumm stets das Bedürfnis, der Sache auf den Grund zu gehen. Als er von der Strafjustiz zur Arbeitsgerichtsbarkeit wechselte, hatte er es geradezu als Zumutung empfunden, im Rahmen einer „Güteverhandlung" die Parteien gleich zu Beginn einer Auseinandersetzung zu einem Kompromiss zu zwingen. Für Rumm konnte ein Kompromiss nur am Ende einer Auseinandersetzung stehen, nicht an deren Beginn. Und faule Kompromisse hätte Rumm selbst in eigener Sache nicht eingehen können. So lag ihm im Gegensatz zu seinem Kollegen sehr viel daran, gleich zu Beginn der Auseinandersetzung den Sachverhalt aufzuklären. Auch in der Sache Leipniz gegen ALGO hatte er die Reederei frühzeitig bedrängt, ihre Karten offen zu legen. Falkner und Leipniz waren persönlich geladen. Leipniz hatte noch kurz vor dem Termin von Goffers gehört, es sei ein ehemaliger Mitarbeiter der Reederei als „sachverständiger Zeuge" geladen worden. Der Anwalt der Reederei, ein gewisser Dr. Eichenmann, hatte ihn in seinem umfassenden Schriftsatz als „nautischen Sachverständigen" angeboten. Noch wusste Goffers nicht, um wen es sich handelte.

Als er zwei Monate später das im neugotischen Stil gehaltene ehemalige Gebäude des Landgerichts Altona betrat, wo jetzt das Arbeitsgericht residierte, liefen sie sich gleich hinter der Schwenktür in die Arme: Leipniz und sein langjähriger Vorgesetzter und späterer nautischer Inspektor Winkelmann. Neben Winkelmann Falkner und vorneweg Dr. Eichenmann. Das also war der „sachverständige Zeuge". Winkelmann! Unglaublich. Winkelmann war längst im Ruhestand. Hin und wieder fertigte er Gutachten in Schadensersatzprozessen für Verlader und Reedereien. Er war so eine Art persönlicher Berater für den Seniorchef. Der Teufel wusste, was Falkner jun. ihm versprochen hatte, um diesen merkwürdigen Dienst ihm zu erweisen. Winkelmann war ein Fachmann, keine Frage. Aber genauso gut wie Leipniz hätte er wissen müssen, dass draußen vor der finnischen Schärenküste andere Gesetze herrschten.

Einigermaßen erregt und verwirrt betrat Leipniz zusammen mit Goffers den Gerichtssaal. Richter Rumm saß schon hinter seinem Tresen. Links neben ihm ein junger Mann in schwarzem Anzug und eine junge Frau. Vor sich nur ein weißes Blatt Papier mit Bleistift. Beide musterten Leipniz und die anderen hereintretenden Herrschaften hoch interessiert und offenbar doch völlig ahnungslos. Waren das so etwas wie Schöffen? Das sind Referendare. Die sitzen da, um zu lernen.

Goffers schien das fragende Gesicht von Leipniz erkannt zu haben. Mit einem kurzen bedeutsamen Blick lenkte er die Aufmerksamkeit von Leipniz auf den Vorsitzenden, als wollte er sagen: Da spielt die Musik. Die anderen da hinten links vergessen wir mal.

Rechts vom Vorsitzenden saß die Protokollführerin. Der Raum machte einen provisorischen Eindruck. Das Gestühl schien noch aus der Zeit des Landgerichts Altona zu stammen. Von den Wänden fiel der Putz. Hinter dem Vorsitzenden hing an der Wand nicht etwa ein Kruzifix, wie es in Hanseatischen Gerichtsgebäuden ohnehin unbekannt war, sondern ein riesiges, golden eingerahmtes Gemälde, das eine friedliche Landschaft und offenbar ebenso friedfertige Personen festhielt. Ein, wie Leipniz empfand, völlig unpassendes Bild. Einmal wegen der Seeschifffahrt, um die es doch hier offenbar ständig ging, zum anderen, na ja, man sollte sich ja gütlich einigen. Vielleicht deshalb das friedvolle Bild.

„Ich eröffne die Sitzung in der Sache Leipniz gegen ALGO. Nehmen Sie bitte auf: Auf Klägerseite sind erschienen: Kapitän Leipniz" – Rumm schaute Leipniz an, nickte kurz, als wollte er seine Zustimmung einholen und fuhr sodann fort: „Mit Rechtsanwalt Goffers. Auf Beklagtenseite der Geschäftsführer der Beklagten Herr Falkner mit Rechtsanwalt Dr. Eichenmann."

In Richtung Falkner hatte der Vorsitzende nicht genickt. Leipniz deutete das so, als sei Falkner bei Gericht bereits bekannt. War das positiv zu werten? Leipniz wusste es nicht so recht. Vermutlich eigentlich nicht. Offenbar war Falkner häufiger beim Arbeitsgericht als Beklagter erschienen. Ach ja: Und dann war ja noch da die Sache mit dem Filipino. Ob diese Sache auch von Rumm . . .

Leipniz' Gedanken wurden jäh unterbrochen. Rumm wandte sich mit lauter Stimme direkt an Falkner und Dr. Eichenmann: „Also, meine Herren, Sie wissen sicherlich, worauf es in dem vorliegenden Verfahren ankommt. Nautisches Fehlverhalten, na schön. Aber das allein genügt sicherlich nicht."

Goffers nickte. Schließlich muss eine Vertragsverletzung des Herrn Leipniz vorgelegen haben, und zwar eine ganz gravierende.

„Herr Falkner, haben Sie Herrn Leipniz wegen einer ähnlichen Sache schon einmal abgemahnt oder sind ähnliche Vorfälle, die hier zur Diskussion stehen, schon einmal vorgekommen?"

Mit leicht ironischem Unterton ergänzte Rumm: „Ich meine, in den letzten fünfundzwanzig Jahren schon einmal vorgekommen?"

„Nein, Herr Vorsitzender. Aber der jetzige Vorfall . . ."
„Danke, mehr wollte ich dazu nicht wissen. Herr Dr. Eichenmann: Ich glaube, die fristlose Kündigung bzw. die außerordentliche Kündigung können wir wohl vernachlässigen. Nicht wahr?"

Dr. Eichenmann nickte. Falkner protestierte: „Herr Vorsitzender, ich bitte Sie! Denken Sie an den enorm hohen Schaden, der hier verursacht wurde, er geht in die Millionen!"

„Aber Herr Falkner, sind Sie nicht versichert?"

„Ja aber, was hat das . . ."

Dr. Eichenmann schnitt seinem Klienten das Wort ab. Er wusste offenbar besser, was in einer solchen Situation vonnöten war. „Herr Vorsitzender, wir haben einen Zeugen sistiert. Ich denke, wir sollten ihn informatorisch hören. Es ist der Schiffsachverständige Kapitän Winkelmann. Ich denke, Sie kennen Herrn Winkelmann aus einer Reihe anderer Prozesse."

„War Herr Winkelmann denn dabei?"

„Nein, aber er kann zu den Eigenschaften des Schiffes, zur Situation vor Ort und den nautischen Gegebenheiten wesentliche Informationen beitragen. Ich denke, dass Sie wie üblich den Sachverhalt etwas aufklären möchten."

Ein leichter ironischer Unterton gegenüber Rumm, der das sehr wohl verstand und auch nickte, weil Eichenmann Recht hatte.

Warum nicht?

„Also bitte, Frau Schulze, lassen Sie Herrn Winkelmann eintreten."

Die Protokollführerin brachte Winkelmann in den Saal.

„Guten Tag, Herr Winkelmann. Wir haben Sie heute nicht als Zeuge geladen. Aber die Parteien – nicht wahr, Herr Goffers – möchten Sie gerne einmal informatorisch zu den hier anstehenden Fragen hören. Auch bei einer solchen Aussage müssen Sie die Wahrheit sagen, Herr Winkelmann, das wissen Sie sicherlich."

Winkelmann nickte.

„Herr Winkelmann, Sie sind wie alt?"

„Zweiundsechzig, Herr Vorsitzender. Nicht verwandt und nicht verschwägert mit den Parteien bzw. dem Geschäftsführer der Reederei ALGO."

Winkelmann wusste offenbar, worauf es bei einer Zeugeneinvernahme ankam. Er spulte seine persönlichen Daten herunter und begann sogleich: „Herr Vorsitzender, ich habe die Seekarten eingehend studiert. Ferner das Schiffstagebuch und die Berichte der Schiffs- und Maschinenleitung. Ebenso die Protokolle und Aufzeichnungen der Radarstation."

„Und? Zu welchem Ergebnis sind Sie gekommen?"

„Herr Vorsitzender, es tut mir leid" – ein leichtes, scheinbar bedauerndes Nicken in Richtung Leipniz – „aber ich muss es deutlich sagen: Hier liegt ein ganz gravierendes Fehlverhalten des Herrn Leipniz vor. Ich will das auch gleich begründen: Ich habe die Aussagen der Besatzungsmitglieder vor dem Seeamt in Turku und das Diagramm der Propellersteigung ausgewertet. Daraus ergibt sich für mich: Als das Schiff bis auf ¼ Seemeile an das Lotsenboot herangekommen war, drehte der Kapitän hart Backbord – Ruderlage auf 280 °, um dem Lotsen an Steuerbordseite Lee zu machen. Dabei wurde – wie ich aus dem Diagramm entnehmen kann – der Propeller erst auf Steigung 0 gebracht, als 280 ° anlag. Das Schiff muss dabei also gute Fahrt gemacht haben, weil der Wind bis zur Kursänderung mit Sturmstärke von achtern wehte. Das Schiff ist dann mit ca. 3 bis 4 Knoten Fahrt in den 280 °-Kurs eingelaufen, wobei offenbar das schnelle Verdriften durch die Windstärke 9 bis 10 nicht erkannt wurde."

„Wenn ich Sie hier mal unterbrechen darf, Herr Winkelmann."

Rumm legte den Kopf leicht in den Nacken zurück, kniff die Augen zu und fragte langsam, so als würde er gemeinsam mit Winkelmann eine Checkliste durchgehen und abhaken. „Das ist ja alles ganz interessant, was Sie uns da erzählen. Aber ein paar Fragen seien mir zwischendurch oder vorweg erlaubt: Offenbar sehen Sie als wesentliche Ursache für die Havarie das Manöver Steuerbordseite Lee bei SSO-Sturm an. Richtig?"

„Ja, Herr Vorsitzender. Vor allem bei den dortigen geographischen Gegebenheiten."

„Gut. Nun entnehme ich dem Protokoll der Seeamtsverhandlung, dass dies einer Aufforderung des Lotsen entsprach …"

„Ja, aber der Kapitän bleibt verantwortlich für …"

Goffers griff in den Dialog ein: „Stimmt das Protokoll so oder stimmt es nicht, Herr Winkelmann?"

„Ja, es stimmt."

Rumm hakte diesen Punkt wie folgt ab: „Wobei wir – Herr Winkelmann – nicht vergessen wollen, dass Sie selbst nicht dabei waren, wie die meisten von uns hier im Saale. Und zwar weder in der fraglichen Nacht, noch bei der Seeamtsverhandlung, nicht wahr?"

„Ja, Herr Vorsitzender."

Der Vorsitzende ließ diese für den Prozess ja nicht ganz unwesentliche Feststellung gewissermaßen noch im Raume schweben, als Goffers eigenmächtig die Checkliste des Vorsitzenden fortführte: „Herr Winkelmann, würden Sie dieses Revier als schwierig oder als durchschnittlich bezeichnen?"

„Bei dieser Wetterlage unbedingt als schwierig."

„Gehe ich richtig in der Annahme, dass die Lotsenberatung an dieser Stelle zwingend geboten war und ist?"

„Unbedingt."

„Konnte Herr Leipniz davon ausgehen, dass die Lotsen vor Ort mit den schwierigen Gegebenheiten des Reviers vor allem auch bei schlechter Wetterlage vertraut waren oder sind die Lotsen an dieser Stelle der Schärenküste dafür bekannt, dass sie fehlerhafte nautische Beratungen durchführen?"

„Nein, um Gottes Willen. Herr Leipniz konnte wohl davon ausgehen, dass die Lotsen mit den Gegebenheiten dort vertraut waren. Dennoch meine ich, dass Windschub und starke Abdrift durch den Wind unterschätzt wurden und dass der Anweisung des Lotsen nicht hätte Folge geleistet werden dürfen."

„Ja, Herr Winkelmann, ich habe zunächst keine weiteren Fragen. Meine Herren, haben Sie noch irgendwelche Fragen?"

Eichenmann überlegte noch. Rumm wollte den Überlegungsprozess etwas beschleunigen und sagte: „Also Herr Eichenmann, ich will einmal vorlesen, was die Lotsen lt. Protokoll in Turku ausgesagt haben, und zwar sowohl die Lotsen der Lotsenberatung wie auch der Lotse auf dem Schiff. Sie können das auf Seite 17 des Protokolls nachlesen: »The witness could not tell the reason for the grounding of ‚Algo‘ nor could he tell which part the unsuccessful pilot uptake had played in the accident, because any answers to these question would be speculations by the witness.«

Und weiter auf Seite 20: »That it is difficult to navigate and pilot in such a rough sea and snowstorm that prevailed at the occasion in question«."

Goffers ergänzte: „Herr Vorsitzender, wenn ich dieses noch durch die Aussage des Zeugen Holger auf Seite 22 des Protokolls ergänzen darf, der aussagte, ‚that the hard weather was a contributing reason for the grounding of Algo'. Außerdem folgender Hinweis: Der auf der Lotsenstation arbeitende Lotse Egenfeldt, der die Situation wohl am Besten überschauen konnte, hat ausgesagt, dass ‚have not known, that Algo will bet hat close to the Stenharun', also dem fraglichen Schärenfelsen. Herr Vorsitzender, wir sind kein Seeamt, trotzdem erlaube ich mir die Bemerkung, dass selbst die objektive Verursachung des Schiffsunglücks durch angeblich fehlerhafte Manöver noch sehr fraglich ist. Sie jedoch haben zu entscheiden über eine Pflichtverletzung des Kapitäns gegenüber dem Reeder. Für eine solche Pflichtverletzung gibt es nicht den geringsten Anhaltspunkt. Wir bewegen uns im Bereich bloßer ‚speculations'."

„Also, Herr Goffers, ich will Ihnen ja gerne zugeben, dass Sie im Wesentlichen Recht haben. Das werden Sie, Herr Eichenmann, vermutlich ähnlich sehen. Trotzdem bleibt natürlich der Umstand, dass mindestens ein Teil der Verdriftung hätte bemerkt werden können, wenn man Lot, Radargerät und Kurs des Schiffes besser überwacht hätte."

„Aber Herr Vorsitzender! Eine gleichzeitige Beobachtung von Lot, Radargerät, Lotsenübernahme, Kurs des Schiffes usw. war gar nicht möglich. Das Lot befand sich an der Kartenraumrückwand und seine Beobachtung hätte die gleichzeitige Beobachtung des Radars mindestens zum Zeitpunkt der Lotsenübernahme ausgeschlossen. Auf der Brücke war der 1. Offizier erst wenige Minuten anwesend, der 2. Offizier stand an Deck beim Lotsengeschirr, um die außerordentlich schwierige Übernahme des Lotsen zu überwachen. Außerdem w u r d e das Radar beobachtet."

„Also, wie dem auch sei, meine Herren" – Rumm schaltete sich wieder in die Verhandlungsführung ein. Er musste wohl eingesehen haben, dass sein Versuch, Goffers ein bisschen in seiner Euphorie zu dämpfen, erfolglos bleiben musste –, „Also wir bewegen uns tatsächlich im Bereich der Spekulationen. Herr Eichenmann: Beweispflichtig ist Ihr Mandant. Nicht wahr, Herr Falkner?"

Falkner hatte es bereits aufgegeben, der Verhandlung zu folgen. Die Niederlage schien unausweichlich.

Eichenmann senkte den Kopf in Richtung Falkner, die beiden flüsterten, Eichenmann versuchte, Falkner zu bedrängen, stand dann auf und sagte offenbar ohne eindeutige Absprache mit Falkner laut und vernehmlich: „Herr Vorsitzender, ich bitte um eine Unterbrechung."

„Bitte sehr."

Die Beteiligten erhoben sich von ihren Plätzen und gingen auf den Flur. Goffers erläuterte Leipniz die Situation: Jetzt kommt ein Angebot. „Wollen Sie eigentlich bei der Reederei weiter fahren?"

„Um Gottes Willen."

„Na ja, beantragt haben wir es. Schließlich haben wir dann auch bessere Karten für die Vergleichsverhandlung."

„Nein, auf keinen Fall."

„Gut, zwanzig Jahre Beschäftigung bei Ihrer Heuer, das wären im Maximalfall DM 120.000,00 Abfindung brutto für netto. Ein kleinerer Teil steuerfrei, der andere Teil zum halben Steuersatz."

Eichenmann hatte sich mit Falkner beraten. Falkner machte ein ziemlich betroffenes Gesicht, als sie in den Saal zurückkehrten. Man setzte sich wieder. Rumm erteilte Eichenmann das Wort. Eichenmann und sein Mandant waren ja nun offensichtlich gefordert. Was hatten sie zu sagen?

„Herr Vorsitzender, wir wollten eigentlich zu den üblichen Konditionen ein Angebot unterbreiten."

„Also ein halbes Gehalt pro Beschäftigungsjahr?"

„Jawohl."

„Tja, Herr Goffers, bitte sehr."

„Herr Vorsitzender, ein halbes Gehalt bei der jetzigen Sach- und Rechtslage kommt für uns nicht in Betracht. Natürlich wissen wir, dass es sich absolut gesehen um eine erhebliche Summe handelt. Andererseits darf nicht vergessen werden, dass hier ein ganzes seemännisches Berufsleben zur Debatte steht. Zwanzig Jahre im

Dienst einer Reederei, fehlerfreies Navigieren. Da kann von einem offenen Prozessausgang und üblichen Konditionen für eine Abfindung kaum die Rede sein."

„Haben Sie einen anderen Vorschlag?"

„Ein volles Gehalt pro Beschäftigungsjahr. Das wären insgesamt etwa DM 120.000,00."

„Auf keinen Fall, Herr Vorsitzender. Dann möge die Sache entschieden werden."

Eisenmann demonstrierte Festigkeit in Gegenwart seines Mandanten. Von seinem Standpunkt schien er allerdings kaum überzeugt zu sein. Goffers war das nicht entgangen und er setzte nach: „Wenn Sie denn unbedingt wollen, Herr Kollege, bitte sehr. Ich darf allerdings darauf aufmerksam machen, dass ich für den Fall einer Entscheidung auf jeden Fall Auflösungsantrag stellen werde."

„Aber Sie haben doch Weiterbeschäftigung beantragt, Herr Goffers?"

Rumm spielte etwas Verwirrung, wusste aber genau, dass es sich nur um ein taktisches Manöver gehandelt hatte. Weiterbeschäftigung, Auflösungsantrag, Höhe der Abfindung, das war alles nur Taktik. Das kannte man. Zulässige Taktik immerhin. Übliches Geplänkel. Jeder spielte seine Rolle. Auch die scheinbare Verwirrtheit gehörte dazu. Alle wussten es. Nur Falkner und Leipniz schienen etwas außen vor zu sein.

„Womit wollen Sie denn den Auflösungsantrag begründen, Herr Goffers? Bis jetzt haben Sie dazu nichts vorgetragen."

„Herr Vorsitzender, ich möchte dazu im Moment noch nichts Näheres ausführen. Fest steht nur soviel: Herr Falkner hat meinen Mandanten in extrem herablassender und diffamierender Weise behandelt, und das nach zwanzig Jahren fehlerfreien Fahrens und Einsatzes für die Reederei. Sie können sich denken, dass mein Mandant über das Gesamtverhalten der Reederei einigermaßen erschüttert ist."

Endlich schien es Leipniz, als wäre das eigentliche, für ihn wichtige Thema des Prozesses nun zur Sprache gekommen. Um so überraschter war er von der Reaktion des Vorsitzenden: „Aber

Herr Goffers, Sie können doch Herrn Falkner nicht vorwerfen, dass er seine eigenen Interessen vertritt. Sie wissen doch selbst ganz genau, dass da einige gravierende Punkte zusammenkommen müssen, um einen Auflösungsantrag zu begründen! Unzumutbarkeit der Weiterbeschäftigung! Immerhin genau das Gegenteil von dem, was Sie selbst eigentlich beantragt haben. Wenn Beleidigungen vorgelegen haben, na schön. Aber zwanzig Jahre Tätigkeit für eine Reederei schützen doch nicht davor, auch mal einen Fehler zu begehen und dann gegebenenfalls dafür gerade stehen zu müssen."

Leipniz schüttelte den Kopf. Was waren das für Sätze. Zu seiner großen Überraschung setzte Goffers den Disput nicht fort. Er bat um eine Unterbrechung. Man verließ wieder den Saal.

Leipniz dachte: Was sollte das denn? Ein merkwürdiges Spiel. Ging es hier um Wahrheitsfindung und Gerechtigkeit? Um was ging es eigentlich? Es war zwar sein Prozess, aber er fühlte sich ziemlich weit ausgeschlossen. Um so schockierter war er, als Goffers ihm eröffnete: „Herr Leipniz, wir müssen zur Weiterbeschäftigung bereit sein."

„Warum das denn? Wir haben doch vorher . . .“

„Ja, ich weiß, aber wenn Sie nicht zur Weiterbeschäftigung bereit sind, bleibt es bei den 50 %. Wir können den Auflösungsantrag nicht erzwingen, da die Weiterbeschäftigung keineswegs unzumutbar ist. Im Gegenteil: Gerade bei zwanzig Jahren Beschäftigung, die auch von Seiten Falkners aus im Wesentlichen korrekt abgelaufen sind, lässt sich nur wegen des Verhaltens von Falkner eine Unzumutbarkeit nicht begründen. Wir kommen nur dann weiter, wenn Sie zur Weiterbeschäftigung bereit sind."

„Und Falkner meine Weiterbeschäftigung ablehnt? ergänzte Leipniz.

„Genau."

„Woher wissen Sie, dass Falkner meine Weiterbeschäftigung ablehnt? Für ihn wäre es doch das Einfachste . . .“

„Ich weiß es. Ich bin mir besser gesagt ziemlich sicher. Ich kenne Falkner."

Für einen Moment dachte Leipniz: Welch merkwürdiges Spiel. Noch einmal vertraute er Goffers wie der Jungmann dem Käptn und stieß ein „Na denn, also machen wir es so" hervor.

Als Goffers nach der Rückkehr in den Saal anhob, ahnte Rumm schon die überraschende Wende. Goffers holte langatmig aus und kam zu dem Schluss: Also mein Mandant ist trotz größter Bedenken und unter Berücksichtigung von zwanzig Jahren erfolgreicher Zusammenarbeit mit der Reederei zur Weiterbeschäftigung bereit. Das heißt natürlich nicht, dass die erheblichen Bedenken, die er gegenüber dem Verhalten des Herrn Falkner gehabt hat, fallengelassen werden. Mein Mandant wird daraus aber keine rechtlichen Schlussfolgerungen ziehen. Er ist auf jeden Fall zur Weiterbeschäftigung bereit."

„Das kommt überhaupt nicht in Frage! Niemals! Wir sind quitt mit Herrn Leipniz!"

Aus Falkner brach es nur so hervor. Eichenmann versuchte ihn zu besänftigen. Schließlich schien es, als würde er Falkner fast den Mund zuhalten. Zu spät. Das Spiel war aus. Mit dieser Offenbarung war das 50-%-Angebot nicht mehr zu halten. Goffers Annahme hatte sich als richtig erwiesen. Falkner wollte Leipniz nicht weiter beschäftigen, egal, was es kostet. Welche Gründe auch immer dafür vorlagen, man wusste es nicht. Aber eines schwebte im Raum: Wenn Falkner sich wirklich trennen wollte, musste er sein Angebot kräftig erhöhen.

So geschah es. Um das Gesicht zu wahren, traf man sich bei DM 95.000,00 brutto für netto. Aus der Sicht von Goffers ein voller Erfolg. Aus der Sicht von Rumm ein vernünftiger Kompromiss. Aus der Sicht von Eichenmann das Einzige, was noch für seinen Mandanten herauszuholen war.

Aus der Sicht von Leipniz? Sicher, es war viel Geld, was er zunächst erhielt. Bald aber würde es verbraucht sein. Es gab noch erhebliche Schulden, die zu bezahlen waren. Und vor allem: Warum wurde mit keinem Wort darauf eingegangen, dass er zwanzig Jahre der Reederei treu zur Seite gestanden hatte? Warum interessierte niemanden, was er in der Nacht bei den Schärenfelsen für die Reederei versucht hatte zu retten und kostete es, was es wollte?

Als sie das Gerichtsgebäude verließen, fragte Leipniz Goffers: „Warum interessiert eigentlich so wenig die Wahrheit bei Gericht? Ich dachte, es ginge bei Gericht auch um Wahrheitsfindung?"

„Herr Leipniz, es ging bei diesem Prozess darum, entweder ihre Weiterbeschäftigung durchzusetzen oder eine hohe Abfindung. Das Erstere wollten Sie nicht. Das Letztere haben wir erreicht. Die Wahrheitsfindung oder besser die g a n z e Wahrheit hätte uns diesem Ziel kaum näher gebracht."

Leipniz fühlte sich plötzlich vor die Schärenküste versetzt. Raue See, keine Sicht. Von soviel Taktik und Finessen wurde ihm schwindlig. Und doch: Irgendwo gab es da eine Wahrheit oder besser einen richtigen Kurs und nicht ein Irgendetwas. Auf See war man nicht sicher, aber man hatte zumindest den Glauben an die Sicherheit. An Land gab es Geld, aber weder Sicherheit noch Gerechtigkeit. Und wenn es der schlimmste Seelenverkäufer wäre: Leipniz entschied noch vor dem Verlassen des Gerichtsgebäudes: Ich fahre wieder zur See.

Mordversuch

Nico Kupfer schüttelte heftig den Kopf und schlug mit dem schweren Eisenstößel krachend auf einen Zylinderdeckel der Hauptmaschine.

„So viel Scheiße auf einmal gibt es doch gar nicht! Das Öl ist so eingedickt, dass die Pumpen keinen Druck mehr aufbauen können. Ein Kugellager hat gefressen und das Reguliergestänge ist kaputt! Und dann keine Ersatzteile! Was glauben die da oben eigentlich! Sollen wir vielleicht zaubern?"

„Und das bei der Verpflegung! Seit zehn Stunden im Einsatz und in der Kombüse gibt es nur Bier", ergänzte Kühne, während er die schweren Muttern des nächsten Zylinderdeckels zu lösen begann.

Kupfer und Kühne fuhren – wie die meisten Besatzungsmitglieder an Bord – erst kurze Zeit auf Schiffen der Reederei Reiter. Was man an der Küste schon bei der Heuerstelle zugeraunt bekam, war nicht an ihr Ohr gedrungen. Der Tipp „Lieber Steine kloppen als bei Reiter fahren" hatte sie nicht erreicht. Kupfer kam aus Tirol, Kühne war in Lörrach beheimatet. Der Zweite Ingenieur Kupfer hatte gemeinsam mit seinem Motorenwärter Kühne vom Chief den Auftrag erhalten, die Hauptmaschine wieder klar zu machen. Die beiden waren erst kurze Zeit auf dem Schiff. Man hatte sie über Caracas einfliegen lassen. Die „Carla Reiter", ein 10.000-Tonnen-Frachter, lag vor Porto Cabello auf Reede. Die Reparatur des Hauptdiesels war an sich Sache einer Werft, vor allem dann, wenn man an Bord kaum Ersatzteile besaß. Doch selbst bis Kolumbien hatte sich die mangelnde Zahlungsfähigkeit von Reiter und seinen diversen Firmen, hießen sie nun „Odin" oder „Olanda", herumgesprochen. Im Office der Werft hatte man dem Kapitän deutlich zu verstehen gegeben, dass ohne eine Bankbürgschaft oder eine Sicherheitsleistung in beträchtlicher Höhe nichts zu machen sei. Señor Caruso hatte sogar noch Druck gemacht und erklärt, es sei besser, „die Segel zu setzen", falls man welche habe, weil man nicht wisse, was die Küstenwache sage, wenn sie von der mangelnden Seetüchtigkeit des Schiffes erfahre. Kapitän Greulich hatte darüber dem Chief berichtet und Kupfer hatte das Gespräch zufälligerweise mitgehört. Der Chief und der Kapitän waren alte „Reiter"-Fahrensleute. Sie wussten, dass es bei Reiter nur eine Philosophie gab: Die Besatzung ist schuld. Sollte was schief gehen, so würde man schon einen Teil der Heuer einbehalten. Die Maschine war sowieso völlig verrottet, warum sollte der Chief noch mit anderen Besatzungsmitgliedern zur Stelle sein. Irgendwann würden Kupfer und Kühne kommen und sich beschweren.

Das war alles nur eine Frage der Zeit. So jedenfalls dachte man oben auf der Brücke, wo sich jetzt wohl auch der Chief aufhielt, anstatt in der Maschine nach dem Rechten zu sehen.

Was Kupfer und Kühne nicht wussten: Ihre beiden Vorgänger hatten zusammen mit zwei weiteren Besatzungsmitgliedern schon in einem Hafen vorher das Handtuch geworfen. Sie sollten es später noch erfahren. Vorerst ließ man sie gewähren. Vielleicht geschah ja sogar ein Wunder und sie schafften den Diesel. Auf Wunder musste man ja bekanntlich bei Reiter immer hoffen, vor allem, wenn man zur Schiffsleitung gehörte . . .

Im Maschinenraum herrschte unerträgliche Hitze. Die Lüfter arbeiteten nur schwer. Einige von ihnen waren defekt.

Kupfer und Kühne arbeiteten nun schon mehr als zehn Stunden. Ihre letzte Essensration hatten sie vor sechs Stunden erhalten. Es war muffig schmeckendes Brot mit einer ziemlich stinkenden Leberwurst als Aufstrich gewesen. Vom Brot schien man den Schimmel weggekratzt zu haben. Angeblich war der Kühlschrank in der Kombüse ausgefallen. Die Lebensmittelvorräte seien aufgebraucht, so hatte der in der Funktion des Kochs arbeitende Steward Schmitthuber mitgeteilt. Man hatte keine Wahl. Vor Porto Cabello regnete es nicht Weintrauben an Deck und auch gebratene Vögel flogen nicht ins eigene Maul. Kühne wunderte sich, weshalb man überhaupt noch weiter arbeitete. Schließlich grenzte das jetzt schon an Sklavenarbeit.

„Wir sind doch nicht auf 'ner Galeere."

„Weiß ich, aber was sollen wir tun? Warten, dass uns der Inspektor mit einem Helikopter abholt? Oder versuchen, dass die Maschine wieder läuft?"

Kühne dachte: Kupfer hat Recht. Sie hatten gar keine andere Wahl.

Das Unerwartete geschah: Mit Hilfe von einigen provisorischen Einbauten gelang es, die Hauptmaschine wieder betriebsklar zu machen. Es war wie ein kleines Wunder. Kühne und Kupfer konnten es zunächst selbst nicht glauben. Doch die Maschine lief wieder. Sicherlich nur vorübergehend. Zu hoch war der Materialverschleiß ohne fälligen Werftaufenthalt. Kupfer selber wollte den Wachhabenden auf der Brücke die Meldung unterbreiten. Außerdem hoffte er, für Kühne und sich zumindest eine Sonderration an Verpflegung zu erhalten. Sie hatten zwischenzeitlich einen Mordshunger angespart. Und irgendwo im Schiff musste doch noch eine Ration für alle Fälle vorhanden sein. Kaum vorstellbar, dass die Schiffsleitung hungerte. Die Arbeit hatte sie jedenfalls bisher noch nicht umgeworfen.

Auf der Brücke erklärte man ihm, der „Alte" sei noch wach, er könne zu ihm gehen. Kupfer tat es. Er klopfte an und öffnete.

„Na Kupfer, komm Se rein. Maschine klargekriegt?"

Der Alte schien die Antwort nicht abzuwarten. Der Wunderglaube hatte ihn wohl verlassen.

„Ja, Käptn! Maschine läuft. Aber der jetzige Zustand ist nur provisorisch. Sie wissen doch: Materialverschleiß, keine Ersatzteile usw."

Kupfer wollte sich setzen. Er war eigentlich auf ein mächtiges Lob gefasst. Doch erst jetzt bemerkte er, dass der Chief auch im Raume war. Er hatte Kupfer seinen breiten Rücken zugewandt und sich über den Tisch der Kajüte gebeugt. Er schien irgendetwas hektisch und fieberhaft einzusammeln. Kupfer erkannte: Eine Hähnchenkeule und mehrere Ananasfrüchte. Es verschlug ihm fast die Sprache. Aber vielleicht war inzwischen ...

„Kühne und ich sind sehr hungrig, Käptn. Die Kombüse ist abgeschlossen. Können Sie uns den Schlüssel geben, falls Schmittbauer nicht da ist?"

„Ja ja, gehen Sie zu Schmittbauer. Ich lass ihn wecken. Das nächste Mal warten Sie übrigens, bis ich ‚Herein' gesagt habe. So, ab jetzt!"

Kupfer stand wieder vor der Tür. Er war einigermaßen überrascht, wie kurz man ihn abgefertigt hatte. Der Chief hatte sich überhaupt nicht geäußert und ihn noch nicht einmal angeschaut. Einigermaßen merkwürdig. Na ja, jedenfalls hatten Kühne und er jetzt eine anständige Mahlzeit verdient. Bestimmt hatte man ein paar Hähnchenkeulen für sie beide aufbewahrt. Kupfer ging zu Schmittbauers Kammer und klopfte an. Schmittbauer öffnete mürrisch.

„Was gibt's?"

„Ja, hat der Käptn nicht . . . ?"

„Nee, hat nicht."

„Kühne und ich haben einen Wahnsinnshunger, komm, gib den Schlüssel für die Kombüse!"

„Nee!"

„Warum denn nicht, verdammt noch mal?!"

„Befehl vom Käptn."

Im selben Moment knallte die Kammertür zu. Das Schloss wurde betätigt. Kupfer stand wieder auf dem Gang. Laut fluchend suchte er Kühne auf und berichtete ihm alles.

Jetzt wird mir auch klar, was in den Kisten war, die heute von der Barkasse außenbords angeliefert wurden. Der Steward persönlich hatte sie in Empfang genommen und verschlossen.

Kühne sprach ganz leise und deutlich. Er blickte starr auf einen Punkt, so als würde in ihm ein Entschluss reifen.

Ja, was denn? Was war denn drin?

Natürlich die Sonderrationen für den Kapitän, den Chief, vielleicht auch den Ersten. Ich weiß nicht, für wen alles. Auf jeden Fall für die Herrschaften da oben. Möglicherweise für die Offiziere, bis auf dich versteht sich, den Ing. aus Tirol!

Ach ja, einen Teil davon versuchte der Chief mit seinem dicken Arsch zu verbergen, als ich in die Kapitänskammer kam. Und für die Mannschaft bleiben nur die vergammelten Reste in der Kombüse.

Irrtum, gestern wurde eine ganze Ladung vergammelter Reste außenbords geworfen. Der Gestank war schon nicht mehr auszuhalten. Für die Decksbesatzung gab es wieder 'ne Runde Bier. Eisgekühlt. Von dem sind die meisten ohnehin sternhagelblau.

Verdammt noch mal, ich will hier keinen Aufstand. Ich will nur mein Recht. Ich habe schwer gearbeitet und ich habe Hunger. Auf jedem Schiff der Welt gibt es was zu essen. Dieses ist ein deutsches Schiff. Hier gibt es sogar eine Verpflegungsrolle. Danach muss das Essen stimmen und darf jedenfalls nicht stinken und verfault sein. Und weil es nichts anderes gibt, will ich verdammt noch mal die Hähnchenschenkel und die Ananasfrüchte, die da oben irgendwo versteckt oder in der Kombüse bei diesem verdammten Steward lagern. Ich hab die Nase voll.

Kupfer hatte sich entschieden. Kühne, dem man nachsagte, er hätte keiner Fliege was zuleide tun können, stand auf und sagte nur kurz und bestimmt: „Gehen wir."

Der Weg führte sie direkt zur Kammer des Kapitäns. Kupfer öffnete. Der Chief war nicht mehr da. Der Kapitän hatte sich schon aufs Ohr gelegt. Kupfer klopfte zweimal und betrat die Kammer. Der „Alte" war schon aufgestanden. Als er Kupfer sah, wurde er wütend und rief: „Kupfer, verdammt noch mal, ich habe Ihnen doch gesagt . . ."

Doch dann sah er schon den schweren Eisenschlüssel in der Rechten von Kupfer und Kühne, der ihm folgte.

„Essen raus, wir wollen essen!"

„Wieso denn jetzt? Um diese Zeit! Sie wissen doch, dass die Kombüse . . ."

„Fressen raus, verstehen Sie!" F-R-E-S-S-E-N. Ist das immer noch nicht klar?! Aber ein bisschen dalli, sonst passiert was!"

„Also meine Herren, ich bitte Sie, der Koch steht doch in einer Stunde auf. Dann wird er Ihnen sicherlich etwas zu essen geben."

„Sie meinen den Steward? 'Nen Koch haben wir doch gar nicht, oder besser, dürfen wir nicht haben. Der Decksmann Schulte soll ja Koch sein, aber Sie wollten ihn ja nicht als Koch einstellen, stimmt's Käptn?"

Kühne musste diese Bemerkung offenbar loswerden, aber Kupfer kam schnell wieder zur Sache: „Fressen!"

„Also, meine Herren, so geht das wirklich nicht. Bitte warten Sie, bis der Koch oder wenigstens der Steward wach ist. Ich muss sonst eine Eintragung im Schiffstagebuch . . ."

„Müssen Sie nicht!"

Im selben Moment versetzte Kühne dem Käptn einen Faustschlag ins Gesicht. Selbst Kupfer war überrascht, wie schnell Kühne zielsicher reagieren konnte. An sich hatte er die Angelegenheit übernehmen wollen. Nun war es sein Untergebener, der zur Sache kam. Der Käptn versuchte sich zu wehren und schien mächtig Angst bekommen zu haben. Essen rückte er jedoch immer noch nicht heraus. Kupfer wurde deutlicher: „Wir schmeißen ihn aus dem Fenster raus!"

Kühne ging ans Fenster, zog die Gardinen zur Seite und begann, die Knebel aufzudrehen. Das Fenster lag 6 bis 8 m über Deck. Der Käptn wäre aufs Deck gefallen. Das schien ihm doch etwas unangenehmer zu sein als ein Sturz ins Wasser. Jetzt endlich bequemte er sich: „Also gut, Leute. Ich hole was zu essen."

Als er an die Tür trat, merkte er, dass die beiden diese verschlossen hatten. Sie ließen ihn die Tür aufschließen. Niemand folgte dem Käptn. Sie glaubten offenbar, der Käptn würde nun eine seiner Hähnchenkeulen, oder was immer es gewesen sein mochte, herausrücken. Aber es dauerte nur wenige Minuten, als der Käptn in Begleitung des Chiefs und des 2. Offiziers auftauchte. Ohne Hähnchenkeulen. Nun schien es den beiden, als wären sie nicht deutlich genug geworden. Kühne verschloss wieder die Kammertür. Als der Chief die Tür öffnen wollte und ausrief „Wo gibt's denn so was?!" schleuderte ihn Kupfer gegen einen Schrank und erklärte auch für die weiteren Personen laut und vernehmlich: „Wir wollen etwas zu essen, meine Herren! Ist das klar? Wir haben seit Wochen nichts Vernünftiges gegessen außer Alkohol und stinkender Wurst und stinkendes Brot. Heute haben wir zwölf Stunden in der Maschine gearbeitet und die Hauptmaschine klarbekommen. Als wir was zu essen wollten, wurden wir gleich zweimal hintereinander vom Käptn und vom sogenannten Steward verarscht. Das ist jetzt genug. Was wir wollen, ist unser Recht und sonst nichts."

Was Kupfer da sagte, war ja nicht ganz unrichtig. Das wussten auch der Chief und der 1. Offizier. Sie hatten in den letzten Tagen immerhin ausreichend zu essen gehabt. Die Besatzung (bis auf den Steward) und der zweite technische Offizier Kupfer wohl weniger. Wenn das später mal ruchbar würde...? Außerdem schienen die beiden zu allem entschlossen zu sein. Schließlich war man an Land auf das Schiff ohnehin nicht gut zu sprechen. Also was soll's?

„Also, so geht das nun wirklich nicht", entrüstete sich künstlich der Chief, um gleichzeitig nachzustoßen: „Käptn, ausnahmsweise, ich würde vorschlagen, Sie geben den beiden was zu essen. Aber Gewalt und Drohung müssen künftig unterbleiben!"

„Also gut, ich gehe mit zum Steward."

Die beiden folgten. Von Misstrauen keine Spur. Sie hatten tatsächlich nichts als bloßen Hunger. Außerdem waren sie mit den Nerven ziemlich fertig.

Beim Steward erhielten sie plötzlich frischen Käse, einige Scheiben Wurst und sogar Schinken war da. Die Hähnchen hatte die Schiffsleitung offenbar schon verspeist oder anderswo versteckt. Aber das war den beiden egal. Der Magen füllte sich, sie luden schnell noch ein paar andere Besatzungsmitglieder zu ihrem Dinner ein, denn diese hatten auch lange Zeit nichts Vernünftiges gegessen. Es schien ein richtig gemütlicher Morgen zu werden. Ein Morgen nicht nach durchzechter Nacht, sondern nach einer Nacht voller Arbeit, Angst und Schweiß.

Plötzlich riss jemand die Tür der Mannschaftsmesse auf. Offiziere der Küstenwache waren erschienen. Hinter ihnen sich halb versteckend der 1. Offizier. Der Käptn war offenbar vorsichtshalber gar nicht mitgekommen. Der 1. Offizier zeigte auf Kupfer und Kühne: „Der da und – warten Sie mal, ja genau, der da!"

Die Leute von der Küstenwache packten Kupfer und Kühne ohne lange Diskussion, brachten sie an Deck und beförderten sie von Bord in das Patrouillenboot. Irgendjemand warf ihnen zwei Säcke mit ihrer persönlichen Habe hinterher. Während der kleinen Feier in der Mannschaftsmesse hatte offenbar im Auftrag des Kapitäns jemand schon ihre Sachen zusammengesucht.

In Porto Cabello sperrte man sie zunächst in ein altes Polizeigefängnis. Zweifelhafte Gesellschaft empfing sie. Tagesdiebe, kleine Drogenhändler und Zuhälter unter ihnen. Die großen Tiere befanden sich vermutlich unter dem Aufsichtspersonal oder waren in höheren Rängen vertreten. Kupfer und Kühne waren wie benommen. Ihr Abtransport vom Schiff in dieses stinkende Polizeigefängnis, wo es von Kakerlaken nur so wimmelte, war recht schnell gegangen. Nur wenige Stunden waren vergangen, seit sie im Maschinenraum der MS „Carla Reiter" die Hauptmaschine klar gekriegt hatten. Ohne Ruhepause, ohne Schlaf, ohne Essen. Und doch war der Maschinenraum, so sehr sie doch Hunger und Schweiß gepeinigt hatten, ein sicherer Ort als dieses Polizeigefängnis. Sie kauerten in der Ecke einer großen Halle, deren Fenster nach allen Seiten offen und nur mit Gitterstäben versehen waren. Ein riesiger Ventilator mit drei Flügeln hing über den Köpfen der Insassen. Nur: er bewegte sich nicht. Er war offenbar defekt und schon seit Jahren nicht mehr repariert worden.

Kleine bis mittelgroße Kakerlaken flitzten über den Fußboden und rasten die weißgetünchten Wände hoch. Der Saal war von langen Holztischen und Bänken durchzogen, auf denen und unter denen die verschiedensten Gestalten saßen, sprachen, aßen und auch schliefen. Die anderen Insassen hatten Kupfer und Kühne zunächst gar nicht bemerkt. Sie mussten offenbar einen sehr verängstigten Eindruck gemacht haben. Jedenfalls schien man nur deswegen auf sie aufmerksam zu werden, weil sie ganz bewusst jeden Kontakt zu den anderen vermieden. Sie kauerten zusammen wie das Vieh bei einem heraufziehenden Gewitter. Doch den anderen Insassen schien ein Gewitter weit entfernt. Sie deuteten die „Kuschelei" der beiden völlig falsch, lachten und kicherten.

Kupfer versuchte, das Missverständnis aufzuhellen und rief nur: „Seamen, we are seamen, sailors!"

Schallendes Gelächter war die Folge. Das war offenbar nicht eine Klarstellung, sondern nur eine Untermauerung der falschen Vermutungen. Wie ein rettender Engel erschien da die kleine Gestalt, die plötzlich den Saal betrat, hinter ihr ein uniformierter Wachmann. Kupfer schien wieder etwas zu vernehmen wie „Der da und der da!"

Und richtig: Die kleine Gestalt schwebte auf sie zu und raunte ihnen etwas ins Ohr, was sich wie folgt anhörte: „Schmüttchen, Schmüttchen bitte sehr. Isch bün därr Konnsuhl. Komm Se mit."

Dann ging es schnell. Der Hutzelige schleuste sie durch alle Sperren, Gitter, Wachen und sonstige Hindernisse durch, geleitete sie zu einem Fahrzeug, das er offenbar selber fuhr, verriegelte dasselbe und legte, kaum dass sie losgefahren waren, in seinem merkwürdigen Dialekt noch mal los. Aber es war nicht der merkwürdige Dialekt, der Kupfer plötzlich zu dem Ausruf veranlasste: „Wiiie bitte? Mordversuch?! Das darf doch wohl nicht wahr sein!"

Doch doch, das war wohl so! Der deutsche Konsul wiederholte den Funkspruch der Schiffsleitung, den man ihm überbracht hatte. Seine Aufgabe war, für die rasche Abschiebung zu sorgen. Er hatte ein gutes Auskommen mit den örtlichen Institutionen. Ihm war noch niemand durch die Lappen gegangen. Deswegen fuhr er auch ein altes Polizeifahrzeug, dessen Türen von innen verriegelt werden konnten. Außerdem waren die beiden bei ihm etwas sicherer als in dem stinkenden Polizeigefängnis. Und da hatte er wohl Recht. Kupfer und Kühne hatten auch nicht gedrängt, in diesem Land zu bleiben oder vielleicht dort etwa unterzutauchen. Aber nun? Bei dieser Message, die da lautete: „Mordverdacht!" . . .

Kupfer schimpfte, was das Zeug hielt. Er fluchte und redete auf den Konsul ein. Doch der bahnte sich unbeirrt nur seinen Weg durch das kolumbianische Verkehrsgewühl. Kühne schwieg und schien zu ahnen, was Kupfer dachte. So etwas wie „Bloß raus hier. Nichts wie weg!" Aber das war nur für einen kurzen Moment. Kühne selbst war für ein neues Abenteuer nicht zu haben. Er glaubte sich zwar auch im Recht. Aber das hier war kein deutscher Kapitän, sondern ein deutscher Konsul. Sicherlich würde man irgendwie die ganze Sache in Deutschland aufklären können. Da gab's ja schließlich Rechtsanwälte und unabhängige Gerichte. Kühne versuchte, Kupfer zu beruhigen: „Nun reg dich doch nicht so auf. Wart mal erst mal ab, bis wir zurück sind. Dann wird sich die ganze Sache klären. Hier weiß keiner, wer Reiter ist. In Hamburg weiß man das. Wart mal ab!"

„Wer weiß das in Hamburg? Deine Zimmerwirtin vielleicht? Deine Freundin vielleicht? Noch nicht mal die wissen das! Vielleicht der Vermittler beim Arbeitsamt. Aber wenn es drauf ankommt, dann kneift der doch. Vielleicht die Leute von der Gewerkschaft. Aber du bist nicht Mitglied und ich auch nicht. Und all die anderen? Wer weiß das denn schon! Die haben das doch auch erst jetzt erfahren. Und was wir vorher gehört hatten, haben wir nicht geglaubt.

„Was willst Du denn machen. Wir haben doch keine andere Wahl!"

„Ist ja schon gut! Beruhig dich." Kupfer deutete auf Richtung Fahrer.

Richtig, Gespräche solcher Art waren jetzt sicherlich nicht sinnvoll. Sie ließen den Dingen ihren Lauf. Das Fahrzeug bahnte sich seinen Weg durch den Verkehr. Auch ohne große Erklärungen wussten die beiden, wo es hin ging: zum Flughafen. Der Konsul besaß sicherlich das Flugticket. Und richtig: Wartesäle, Sperren und Kontrollen blieben ihnen erspart. Der Konsul genoss offenbar das ganze Vertrauen der örtlichen Stellen. Man ließ ihn durch eine Seitenpforte auf das Flugfeld fahren. Dort steuerte er auf eine geparkte Maschine zu und erklärte bedeutungsvoll: „Da ssienn mer! Waaten Se bidde."

Das Hutzelmännchen verließ das Fahrzeug. Es machte nochmals deutlich klack. Sie waren offenbar jetzt Gefangene auf dem Flugfeld. Das Männchen trippelte zur Gangway hoch und kam nach kurzer Zeit mit zwei uniformierten Leuten der Besatzung zurück. Die nahmen Kupfer und Kühne in Empfang.

Einige Stunden später waren die beiden schon hoch über dem Atlantik.

Auf dem Rückflug nach Deutschland hatten Kupfer und Kühne ungewollte Reiselektüre. Das konsularische Hutzelmännchen hatte ihnen die fristlose Kündigung der Reederei Reiter ausgehändigt. Begründung: Mordverdacht, Nötigung und Freiheitsberaubung.

Was hieß das? Würde man sie am Flughafen vielleicht schon erwarten? Mit der grünen Minna? Mordverdacht, das war doch wohl hart, oder? Haft ohne Kakerlaken, aber Haft immerhin. Aber was war das für ein Unsinn. Warum hätten sie den Kapitän umbringen sollen, wo sie nur etwas zu essen haben wollten? Welches

Motiv sollten sie dafür gehabt haben? Immerhin hatte der Kapitän ja nun zwei Zeugen.

Nur eines schien festzustehen: Unmittelbar nach ihrer Ankunft brauchten sie einen Anwalt. Aber der würde Geld kosten. Ihre letzte Heuer hatten sie vor zwei Monaten erhalten. Wenigstens bis zur Aushändigung der fristlosen Kündigung hatten sie doch wohl Anspruch auf Bezahlung, oder?

„Na selbstverständlich, was glaubst du denn!" Kupfer belehrte den inzwischen völlig verunsicherten Kühne. Außerdem: Wenn es kein Mordversuch war, und das war es ja nicht, sondern nur Notwehr, also der Kapitän ließ uns ja praktisch verhungern, dann durften sie uns auch nicht fristlos kündigen. Eigentlich durften sie uns überhaupt nicht kündigen. Denk daran, wie wir geschuftet haben. Ich meine, wir sollten auch gegen die Kündigung vorgehen."

„Meinst du das im Ernst? Wir haben doch gar keine Zeugen."

„Wir werden den Anwalt fragen, fragen kostet ja nichts, oder?"

„Ja, stimmt, aber wen?"

„Ich sagte doch schon: Wir gehen zu Germershausen. Kenn ich zwar nicht, aber auf der Seefahrtschule hat uns den mal ein Dozent empfohlen."

Am Flughafen in Hamburg wartete keine grüne Minna. Kupfer und Kühne nahmen Quartier im Seemannsheim. Dort verließ man sich auf die noch ausstehende Heuer der Reederei. Der erste Weg am nächsten Tag führte zur Reederei Reiter. Das Büro lag in der Palmaille, der Prachtstraße Altonas. Eine mehrreihige Allee, die noch vom Dänenkönig erbaut worden war. Als sie ihr Anliegen im Empfangszimmer vortrugen, wurden sie in einen kleinen Raum geleitet, wo sie warten sollten. Man versprach ihnen, der Chef persönlich würde sich um die Angelegenheit kümmern. Aha, der Chef persönlich. Die beiden wussten nicht recht, ob das von Vorteil war. Nach fast einer Stunde Warten wurden sie in sein Zimmer gerufen. Am Ende eines langen Teppichs befand sich ein schwerer, dunkler Schreibtisch, an dem er kauerte. Neben dem Schreibtisch in drohender Gebärde ein Dobermann. Wahrscheinlich eine Sparmaßnahme. Der Dobermann kostete sicherlich nicht soviel wie der Wachmann. Es war eine gewisse Strecke bis zum Schreibtisch zurückzulegen. Vor dem Schreibtisch allerdings standen keine Stühle und befand sich auch sonst keine Sitzgelegenheit. Warum also näher kommen? Die beiden verlangsamten ihren Schritt auf dem breiten Teppich, um dann irgendwo zwischen Tür und Schreibtisch zum Stehen zu kommen. Da schnarrte auch schon die laute Stimme des Chefs: „Also Ihre restliche Heuer wollen Sie! Hab ich das richtig verstanden?"

„Jawohl, Herr Reiter, zumindest bis zu unserer fristlosen Kündigung."

„Ach sooo, bis zu Ihrer fristlosen Kündigung. Ach so ist das." Reiter stand auf, baute sich hinter dem Schreibtisch auf und prustete los wie in alten Zeiten, als er noch als U-Boot-Kommandant Respekt bei seinen Besatzungen heischen konnte: „Sagen Sie mal, spinnen Sie?! Erst einen meiner Kapitäne umbringen wollen und dann noch Forderungen stellen! Wenn Sie nicht sofort verschwinden, hole ich die Polizei. Raus hier!"

Wie zur Untermalung des recht lauten Vortrages fing der Dobermann plötzlich an zu knurren. Immerhin bellte er nicht. Kupfer und Kühne wichen langsam zurück, verschlossen die Tür hinter sich und verließen das Office. Ohne viel Reden war klar, dass ihr Weg sie nun zum Rechtsanwalt Germershausen führen musste.

Als sie Rechtsanwalt Germershausen in dessen Büro gegenüber saßen, meinte dieser nur scheinbar teilnahmslos: „Typischer Reiter-Fall. Ach, meine Herren, wissen Sie übrigens, dass Ihr Gegner, Herr Reiter, das Bundesverdienstkreuz erhalten hat?"

„Wofür denn?"

„Ja, Sie werden es kaum glauben: Wegen seines Einsatzes für die sozialen Belange seiner Seeleute."

„Das gibt's doch gar nicht, das kann doch gar nicht sein!" Kühne wollte es wirklich nicht glauben.

„Doch, doch, aber was halten wir uns damit auf. Ich wollte Ihnen nur kurz andeuten, wie sehr bei uns die Verhältnisse in der Seeschifffahrt überall bekannt sind, nicht wahr?"

Aber nun sagen Sie uns bitte, haben wir nun einen Heueranspruch oder nicht?

„Ja, das kommt ganz darauf an. Bis zur fristlosen Kündigung sicherlich. Die Frage ist, ob die fristlose Kündigung Bestand hat. Wenn es also zutrifft, was Sie mir geschildert haben, dann dürfte die fristlose Kündigung eigentlich gar keinen Bestand haben. Das hängt davon ab, ob die Lage an Bord des Schiffes, wie sie denn nun mal war, von uns bewiesen werden kann. Das Gleiche gilt übrigens für das Strafverfahren, das ja jetzt wohl auf Sie zukommt. Ich glaube zwar nicht an eine Mordanklage, aber Nötigung, Freiheitsberaubung und Körperverletzung sind wohl schon drin. Wir werden sehen, was sich machen lässt."

Kupfer und Kühne waren zum Warten gezwungen. Ein teures Warten. Arbeitslosengeld erhielten sie nicht. Wegen der fristlosen Kündigung wurde eine Sperrzeit gegen sie verhängt. Alles Reden und Flehen, dass die Angelegenheit noch nicht geklärt sei und man den Ausgang des Prozesses erst einmal abwarten müsse usw. usf. half nichts. Das Arbeitsamt blieb unerbittlich. Einige Tage später erhielten Kupfer und Kühne die Vorladung zur Kriminalpolizei. Auf Anraten ihres Anwaltes gingen sie nicht hin. Germershausen würde sich für sie dort melden. So war es abgesprochen. Sie brachen die Zelte im Seemannsheim ab. Das letzte Bargeld hatten sie dem Rechtsanwalt übergeben. Per Anhalter fuhren sie nach Haus. Oder besser: dorthin, wo man am ehesten noch Hilfe erwarten konnte.

Zwei Monate später händigte der Postbote dem Matrosen Kühne einen Brief der Staatsanwaltschaft Hamburg aus. Kühne öffnete und las: „ . . . wird angeklagt, am 12. Februar 1978 zwischen 2.50 Uhr und 3.20 Uhr auf dem Motorschiff „Manfred Reiter" der Reederei Reiter & Co. zur Zeit der Tat auf der Reede von Porto Cavello durch dieselbe Handlung als Mittäter widerrechtlich einen Menschen eingesperrt oder auf andere Weise des Gebrauchs der persönlichen Freiheit beraubt zu haben, eine Nötigung verursacht zu haben und ohne Mittäter zu sein einen anderen körperlich misshandelt zu haben, durch eine weitere Handlung als Mittäter widerrechtlich einen Menschen eingesperrt oder auf andere Weise des Gebrauchs der persönlichen Freiheit beraubt zu haben, einen anderen rechtswidrig durch Drohung mit einem empfindlichen Übel zu einer Handlung genötigt zu haben."

Es folgte die Begründung und schließlich der Antrag, die Anklage vor dem Amtsgericht Kiel, wo das Schiff beheimatet war, zuzulassen.

Einen Monat später erhielt Kühne die Mitteilung, das Verfahren sei eröffnet. Termin zur Hauptverhandlung war anberaumt auf Anfang Januar des folgenden Jahres. Kühne versuchte Kupfer telefonisch zu erreichen. Aber unter der Nummer, die er ihm seinerzeit gegeben hatte, meldete sich nur eine alte Bäuerin, vielleicht seine Großmutter. Man konnte im Hintergrund das Geläut der Kuhglocken hören. Dem Geräusch nach zu urteilen, schien es ein Dorf mitten im Gebirge zu sein. Die Almbäuerin verstand ihn nicht. Er verstand sie nicht. Die Verständigung war halt schwieriger als im türkischen Gemüseladen von Hamburg-Altona. Immerhin glaubte Kühne verstanden zu haben, dass Kupfer auf einem neuen Schiff angeheuert hatte. Allerdings schien ihm dies sehr unwahrscheinlich zu sein. Warum hatte er sich dann nicht gemeldet? Außerdem wusste er doch, dass die verschiedenen Verhandlungen anstanden. War er vielleicht abgehauen? Einige Adressen in Übersee hatte er ja. Und doch schien dieser Gedanke einigermaßen abenteuerlich zu sein.

Kühne versuchte es bei Germershausen. Germershausen war nicht in seinem Büro. Statt dessen meldete sich eine junge weibliche Stimme, die ihm freundlich und verbindlich mitteilte, er brauche sich keine Sorgen zu machen, Germershausen werde sich bei ihm melden. Allerdings sei in seiner Angelegenheit vor dem Arbeitsgericht noch vorher die Hauptverhandlung, und zwar vermutlich im Dezember. Die Güteverhandlung sei schon gewesen. Da sei allerdings nichts bei herausgekommen.

„Güteverhandlung? Und nichts bei herausgekommen? Was heißt das?"

„Ach, das erklärt Ihnen Herr Germershausen, wenn er mit Ihnen spricht. Es ist halt nichts Besonderes gewesen. Sie brauchen sich keine Gedanken zu machen. – Sind Sie denn gar nicht zur

Hauptverhandlung geladen worden, ich meine zur streitigen Verhandlung beim Arbeitsgericht?"

„Nein. Ich weiß nur etwas von dem Strafverfahren."

Kühne dachte: Verdammt noch mal, läuft da etwas ohne mich oder an mir vorbei oder sogar vielleicht gegen mich? Ich muss doch wenigstens wissen, was los ist. Die können doch nicht einfach in meiner Abwesenheit . . .

Die freundliche junge weibliche Stimme schien seine Gedanken erraten zu haben. Sie versicherte ihm: „Machen Sie sich keine Sorgen, wir werden Sie auf dem Laufenden halten. Wenn etwas von Wichtigkeit sein sollte, werden wir Sie verständigen. Soweit ich weiß, werden die Seeleute ohnehin meistens nicht zu den Terminen beim Arbeitsgericht geladen."

Kühne dachte: Seeleute nicht geladen? Wieso denn das nun schon wieder nicht? Waren das vielleicht Menschen zweiter Klasse? Oder lief da sowieso immer alles schief? Weshalb konnten die einfach alles entscheiden, ohne dass die Betroffenen dabei waren? Unglaublich.

Auch hier schien die Person mit der freundlichen weiblichen Stimme wieder die Gedanken Kühnes erraten zu haben: „Das liegt einfach daran, dass die doch meistens nicht da sind. Ich meine, die sind doch meistens auf hoher See. Wenn die unterwegs sind, würde es ja nie zu einem Termin kommen. Irgendeiner von ihnen fehlt doch meistens."

„Ja, aber ich, ich fahre doch nicht. Also jedenfalls haben die mir keinen Job vermittelt. Das Arbeitsgericht ist doch nicht das Arbeitsamt, oder?"

„Ja, ja, das ist schon richtig. Aber das wissen die doch nicht."

„Was wissen die nicht?" Kühne schien nun völlig verwirrt.

„Na ja, dass Sie n i c h t fahren."

„Denken die denn etwa, dass die Seeleute ständig fahren. Da wird man fristlos gekündigt und erhält gleich wieder einen Job, wo gibt's denn das?"

„Ja, das mag schon sein, na ja, ich weiß auch nicht. Auf jeden Fall brauchen Sie sich keine Sorgen zu machen."

„Tja, Frollein, ich will's versuchen. Ganz sicher bin ich mir aber nicht."

„Doch, doch, könnte sein. Tschüss, Herr Kühne."

Das Gespräch war beendet.

Zwei Tage später erhielt Kühne die Mitteilung, dass Termin vor dem Arbeitsgericht am 30. November anberaumt sei. Er könne zu dem Termin kommen, sein Erscheinen sei allerdings keine Pflicht. Fahrtkosten würden nicht erstattet werden. Es seien Zeugen geladen. Als Zeugen seien geladen der Kapitän, der 1. Offizier und ein weiteres Besatzungsmitglied. Es ginge um die fraglichen Vorfälle in der Nacht des 12. Februar 1988.

Und Kupfer? Wusste Kupfer überhaupt von dem Termin? Der war doch wahrscheinlich auch nicht geladen worden, zumal er tatsächlich ja offenbar wieder zur See fuhr? Konnte man nicht warten, bis der wieder zurück ist? Oder galt da auch dieser komische Grundsatz, dass man bei Seeleuten möglichst nie wartet, weil man sonst ewig wartet, oder wie?

Kühne versuchte es noch einmal bei der Bäuerin. Dann wieder bei Germershausen. Ohne Ergebnis.

Am 29. November fuhr Kühne nach Hamburg. Er hatte sich telefonisch eine Unterkunft im Seemannsheim in der Großen Elbstraße reservieren lassen. Kurz nach 17 Uhr traf er im Bahnhof Altona ein. Er rief gleich bei Germershausen an und fragte, ob er noch vorbeikommen solle wegen einer Vorbesprechung.

Nein, eine Vorbesprechung sei nicht notwendig. Herr Germershausen habe schon mitgeteilt, dass es genüge, wenn man sich zehn Minuten vor dem Termin treffe auf dem Flur im Arbeitsgericht, damals noch in der Max-Brauer-Allee. Dies erklärte ihm wieder die freundliche weibliche Stimme. Diesmal erschien sie ihm allerdings kürzer und knapper. Vielleicht weil der Feierabend nahte, i h r Feierabend.

Im Seemannsheim fand Kühne nicht die rechte Zerstreuung. Für andere Zerstreuungen und Abenteuer aber fehlte ihm das Geld. Außerdem zermarterte er sein Gehirn ziemlich erfolglos: Arbeitsgericht, Strafverfahren, Kündigung, Anklage, Staatsanwaltschaft, November, Januar, einmal Hamburg-Altona, einmal

Kiel. Einmal hatte er selbst die Reederei verklagt. Das andere Mal war Anklage gegen ihn erhoben worden. Und überall geisterte der Vorwurf einer schweren Straftat. Immerhin: Im Strafverfahren hatte man ja offenbar den angeblichen Mordverdacht fallengelassen. Aber auch das andere war noch schweres Geschütz. Freiheitsberaubung, Nötigung, Körperverletzung. Was davon hatte für das Arbeitsgerichtsverfahren Bedeutung? Alles, oder einiges, nur teilweise? Alles mit demselben Gewicht? Oder mit unterschiedlichem Gewicht? Alles Fragen, die ihm keiner beantworten konnte. Ob dafür die zehn Minuten vor der Verhandlung reichten, schien Kühne zweifelhaft. Immerhin schien es ja so, dass Germershausen sich seiner Sache einigermaßen sicher war. Er war ja wohl ein Fachmann auf diesem Gebiet, also versuchte Kühne sich seiner beruhigenden Worte zu erinnern. Oder hatte er ihn vielleicht gar nicht beruhigt? War das nur die freundliche weibliche Stimme? Gewiss, als sie den Auftrag Germershausen erteilt hatten, schien sie ihn beruhigt zu haben. Aber später, nachdem er die Anklage erhalten hatte? Gesprochen hatte er mit ihm noch nicht. Und nun zehn Minuten vor der Verhandlung. Es wurde eine unruhige Nacht für Kühne.

Noch bevor sich irgendjemand im Seemannsheim regte, war Kühne am nächsten Morgen aufgestanden. Er ging den Weg von der Großen Elbstraße den Berg hoch zum Altonaer Rathaus über den Platz der Republik am Bahnhof vorbei in die Max-Brauer-Allee zu Fuß. Zunächst landete er im falschen Gebäude. Es war das Amtsgericht Altona. Aber gleich nebenan in dem alten neugotischen Backsteingebäude, das von außen eher an eine wilhelminische Kaserne erinnerte, befand sich das Arbeitsgericht. Hier war früher das Landgericht Altona gewesen, in dessen Hof die Nazis einige Arbeiterführer hatten enthaupten lassen. Altonaer Blutsonntag, so stand es auf einer Hinweistafel.

Na ja, dachte Kühne, heute sind andere Zeiten, da wird niemand mehr enthauptet. Das war ja schon nahezu bei allen Autoritäten das geflügelte Wort: „Na ja, wir reißen Ihnen ja doch nicht den Kopf ab!" Das konnte man beim Käptn genau so hören wie bei Polizei und Justiz, bei Behördengängen oder auch bei Grenzkontrollen. Nein, es wurden keine Köpfe abgerissen, Kühne war sich da sicher. Aber bekam man deswegen auch sein Recht? Oder war das vielleicht nur der einzige Fortschritt, dass der kleine Mann am Leben blieb, da außer seinem Leben ihm nicht viel mehr blieb? Kühne versuchte sich in der Kantine des Gerichts mit einem heißen Kaffee aufzuwärmen. Die Kantine, aber auch die Flure des Gerichts machten einen ziemlich heruntergekommenen Eindruck. Viel Betrieb herrschte um diese Zeit noch nicht. Um 8.30 Uhr sollte die Verhandlung beginnen. Kühne fragte den Koch hinter dem Tresen, der um diese Zeit noch nicht allzu viel zu tun hatte: „Hab hier 'nen Termin um 8.30 Uhr. Noch 'ne halbe Stunde hin. Ist hier immer so wenig los um diese Zeit?"

„Na, was glauben Sie denn, das ist 'ne Behörde, ein Gericht. 8.30 Uhr haben Sie Termin? Na, das ist ja ganz schön früh. Bei wem denn?"

„Bei wem? Weiß ich nicht."

„Na, zeigen Sie mal die Ladung."

„Sie meinen den Brief, den ich gekriegt habe?"

„Ja, ja die Ladung, da stehen doch Ort und Uhrzeit drauf."

Kühne kramte seine Ladung aus der Brieftasche umständlich hervor und fingerte sie so auf, dass der Koch gleich wusste, der Mensch hatte keine Ahnung. Zur Behörde ging er vielleicht einmal im Jahr oder noch weniger. Wahrscheinlich war es ein Seemann.

„Ja, dachte ich es mir doch: bei Hunold."

„Hunold? Wer ist das?"

„Na ja, der Vorsitzende. Der Vorsitzende der Kammer. Also der Richter, der Ihre Sache verhandelt."

„Und? Ist der gut?"

„Na ja – der Koch musste über die Unwissenheit Kühnes lachen – gut, das ist vielleicht ein Wort. Wer ist schon gut? Gut für den einen oder gut für den anderen? Ich weiß nicht, ob der gut ist. Ich meine, ob er für S i e gut ist. Ich weiß nur, aber das gehört ja gar nicht zur Sache, na ja, er soll was gegen Alkoholiker haben. Aber um Alkohol ging's ja bei Ihnen sicherlich nicht, oder?"

„Was? Ach so, nein, nein."

Kühne trank seinen Kaffee, das Gespräch mit dem Koch verwirrte ihn nur noch mehr. Was sollte das auch, mit einem Koch sich über einen Richter zu unterhalten! Auf dem Schiff hatten sie einen Koch, der noch nicht mal Koch war, sondern Steward. Vom Kochen verstand er so wenig wie der Decksmann von der Funkerei. Kühne suchte in der Flut seiner Gedanken einen Halt. Er suchte und dachte und doch fand er nicht recht etwas. Nur an einen Gedanken klammerte er sich und doch wusste er nicht, ob dieser Gedanke rechtlich von Bedeutung war. Er betraf die Lage auf dem Schiff unmittelbar vor den Ereignissen in der Nacht des 12. Februar. Das konnte doch nicht ganz ohne Bedeutung sein, die schwere Arbeit, ja der Erfolg ihrer Tätigkeit und schließlich die skandalöse Versorgung der Besatzung. Die Täuschungsmanöver des Kapitäns. Das alles war doch nicht aus den Fingern gesogen. Es war die nackte Wahrheit.

Mittlerweile war es 8.15 Uhr geworden. Kühne stellte eilig seine Kaffeetasse auf den Tresen zurück und begab sich zum Raum 253 im zweiten Stock, wo der Vorsitzende Hunold, dessen Namen er nun wusste, in fünfzehn Minuten die streitige Verhandlung in der Sache Kühne gegen Reederei Reiter eröffnen würde. Als Kühne die Treppen erklommen hatte, im zweiten Stock den versteckt liegenden Raum 253 gefunden hatte, suchte er vergeblich auf der Bank vor dem Raum und in den Seitenfluren nach Rechtsanwalt Germershausen. Inzwischen war es 8.20 Uhr geworden. Kühne schaute verzweifelt zur Uhr. Auf der Bank saß ein Herr in hellem Anzug, gepflegtes Äußeres, er kannte ihn nicht. Ob er auch etwas mit der Sache zu tun hatte? Ein leichtes Lächeln huschte über sein Gesicht. Ein merkwürdiges Lächeln. Süffisant. Der schien zu wissen, wen Kühne vergebens erwartete. Doch Kühne merkte nichts von der schweigenden Süffisanz seines Banknachbarn. Für solche Feinheiten war der Decksmann Klaus Kühne nicht konstruiert. Kühne stand wieder auf, ging die Seitenflure noch einmal auf und ab, setzte sich wieder, schaute zur Uhr. Vergebens. Germershausen war weit und breit nicht zu sehen. An Stelle von Germershausen erschien eine junge Dame, die die Tür des Saales aufschloss. Sie ging hinein, ließ die Tür offen stehen und kam kurze Zeit später in schwarzer Robe zurück, um Kühne zu fragen: „Sie sind Herr Kühne? Kommt Ihr Rechtsanwalt auch zum Termin?"

„Wiiie bitte?"

Kühne schlotterten die Knie.

„Ich will doch wohl hoffen, dass er kommt . . ."

Die junge Dame schien die Not von Kühne erkannt zu haben und beschwichtigte ihn gelassen: „Na, beruhigen Sie sich mal, der kommt meistens zu spät."

Schon wandte sie sich dem Banknachbarn von Kühne zu. Diesen fragte sie allerdings nicht nach dem Namen, sondern begann mit ihm eine gezielte Unterhaltung. Man schien sich zu kennen. Abrupt wurde das Gespräch der beiden unterbrochen, als in gebückter Haltung ein Herr in mittleren Jahren mit ziemlich hektischen Bewegungen die Treppe hochgeschossen kam.

„Tach, Tach, na, dann woll'n wir mal."

Alles strebte nun in den Saal 253: der hektische Herr, die junge Dame und der Banknachbar von Kühne. Unwillkürlich folgte Kühne. Die Dame ging noch einmal raus und rief draußen laut und vernehmbar: „In der Sache Kühne gegen Reederei Reiter, bitte eintreten!"

Es war aber niemand mehr da, der den Aufruf hätte hören können. Trotzdem erfolgte er. Kühne erschien es wie der letzte Versuch, den von ihm beauftragten Rechtsanwalt noch herbeizuzaubern. Als Kühne den Saal betrat, verstand er, weshalb der ältere Herr die Treppe hochgejagt kam. Es war zwar erst 8.30 Uhr. Hinter dem Richtertisch aber saßen bereits zwei Herren in schwarzer Robe, die offenbar ebenfalls Richter waren. Sie schienen auf den älteren Herrn gewartet zu haben. Offenbar war auch ihnen eine Vorbesprechung abhanden gekommen. Oder schien es nur so?

„Bitte, setzen Sie sich, meine Herren."

„Sie sind – Herr Kühne?"

„Ja."

„Nehmen Sie bitte auf: Es erscheint der Kläger persönlich und für die Beklagte Assessor Lindner vom Verband deutscher Reeder.

Und zu Kühne gewandt: „Ihr Rechtsanwalt, erscheint er heute nicht?"

„Ja, ich weiß nicht . . .“

„Na ja, ist schon gut, wir rufen mal in seinem Büro an. Möglicherweise ist er nur unterwegs und wieder mal aufgehalten worden. Wissen Sie denn, um was es heute hier geht, Herr Kühne?“ „Ja, ich weiß nicht, um meine Klage?“ „Ja, das schon. Aber heute wurde eine Beweisaufnahme angeordnet. Wir haben drei Zeugen geladen. Der erste Zeuge erscheint um 8.40 Uhr. Es ist der Kapitän... Ach, Frau Gerdes, sehen Sie doch mal nach, ob Kapitän Teske schon draußen wartet.“

Die Dame stand auf, ging auf den Flur, kam wieder zurück und schüttelte den Kopf. Kaum hatte sie den Saal betreten, wurde die Tür von außen aufgerissen. Germershausen stürzte herein. Mit weit ausholender Gebärde ging er auf die Mitte des Richtertisches zu, so, als wäre nur der Vorsitzende im Saal anwesend und eröffnete ihm, was dieser offenbar schon wusste: „Herr Vorsitzender, ich bitte vielmals um Entschuldigung, ich bin leider im Stau stehen geblieben.“

„Im Stau? Wo?“

„In der Ost-West-Straße.“

„Ach sooo.“

„Ja, dann woll'n wir mal. Also, meine Herren, wir haben die Angelegenheit ja schon einmal im Gütetermin erörtert. Eine gütliche Einigung war nicht möglich. Und Sie, Herr Germershausen, waren nicht damit einverstanden, dass die fristlose Kündigung in eine fristgerechte Kündigung umgewandelt wird. Wollen Sie die Angelegenheit noch mal mit Herrn Kühne erörtern? Der ist ja heute da.“

„Also Herr Kühne, wenn ich vielleicht einmal Ihnen kurz etwas auf den Weg geben darf: Sie wissen ja selber am besten, was in der fraglichen Nacht passiert ist. Im Wesentlichen ist es ja wohl unstreitig hier, die Schläge, die da ausgeteilt wurden, die Kammertür, die zugeschlossen wurde. Über die Hintergründe kann man sicherlich viel streiten, aber in Ordnung ist das natürlich nicht, was da passiert ist, nicht wahr?“

„Also ich, äh . . .“

„Na, lassen Sie mal, besprechen Sie das noch mal mit Ihrem Rechtsanwalt. Bitte sehr, Herr Germershausen!" Der Vorsitzende machte eine Bewegung, so als sollte Germershausen nun mit Kühne draußen die Angelegenheit besprechen. Germershausen war schon aufgestanden und hatte der Aufforderung Folge geleistet. Kühne begriff nun langsam. Dann stand er auf und folgte ihm. Draußen auf dem Flur sagte Germershausen zu ihm: „Also, ich meine, wir bleiben dabei, dass die fristlose Kündigung nicht in eine ordentliche Kündigung umgewandelt wird. Sie sind Decksmann. Die ordentliche Kündigungsfrist beträgt mal gerade achtundvierzig Stunden. Außerdem bin ich nach wie vor der Meinung, dass es stimmt, was Sie gesagt haben: katastrophale Verhältnisse an Bord. Keine ordentliche Verpflegung, nur Alkohol, Überstunden noch und nöcher. Es ist doch richtig, oder?"

„Ja, ja, das stimmt. Aber . . . also ich meine, die Zeugen heute, also Kupfer ist doch gar nicht da. Und der Kapitän und der 1. Offizier, na ja, was die sagen, das kann man sich ja denken.

„Ja, ja, ich weiß. Aber wir haben auch ein Besatzungsmitglied da, das in einer Vernehmung gegenüber der Polizei bereits Ihre Angaben bestätigt hat. Das ist der Matrose Zülich. Außerdem: Kupfer ist doch auch Partei. Sie wissen, dass Kupfer selbst klagt. Na, denn kommen Sie jetzt mal."

Die beiden gingen in den Saal zurück. Kaum hatten sie sich gesetzt, begann Germershausen wie folgt: „Also, Herr Vorsitzender, es bleibt dabei. Wie ich schon gesagt hatte, mein Mandant wünscht eine Klärung der gegen ihn erhobenen Vorwürfe. Möge die Beweisaufnahme durchgeführt werden. Sie wird ergeben, dass an Bord katastrophale Verhältnisse herrschten, für die die Reederei verantwortlich war und ist. Es ist bedauerlich, dass später der Spieß umgedreht wurde und die völlig nervlich zerrütteten und überbeanspruchten Seeleute nun die Quittung für diese Verhältnisse in Form einer Kündigung erhalten."

„Also, Herr Vorsitzender, wenn ich da einmal einhaken darf . . ."

„Der Prozessvertreter des Verbandes, Herr Lindner, entgegnete Germershausen: „Das ist doch völlig absurd, was Sie da erzählen, Herr Germershausen. Sie wissen doch ganz genau, dass hier weit mehr vorlag, als irgendeine Art von Überreaktion, die vielleicht noch verständlich gewesen wäre. Tatsächlich muss Ihrem Mandanten der Vorwurf gemacht werden, einen glatten Mord versucht zu haben oder mindestens Totschlag. Die Knebelverschlüsse an den Bullaugen der Kapitänskammer hat I h r Mandant geöffnet. Sie werden doch sicherlich nicht behaupten wollen, dass dieses in Notwehr geschah! Ich gehe davon aus, dass Sie die Aussage des Kapitäns Teske gegenüber der Polizei bereits nachgelesen haben. Sie entspricht im Übrigen auch den Angaben in der Strafanzeige. Also es ist schon ein ungeheures Entgegenkommen, wenn wir erklären, dass wir mit der Umwandlung der fristlosen Kündigung in eine ordentliche Kündigung einverstanden wären. An sich geht es hier ja um einen Präzedenzfall. Solche Verhältnisse dürfen in der Seeschifffahrt nicht einreißen. Da kann doch nicht jeder ankommen und eindeutige Straftaten begehen und dann noch glauben, dass er dafür belohnt wird."

„Also, meine Herren . . ."

Hunold griff hier in die Verhandlung ein. „Wenn ich wieder um etwas mehr Ruhe bitten darf. Wir haben die Argumente gehört, wir haben die Zeugen geladen, ich muss dazu allerdings noch einmal feststellen, Herr Germershausen, so ganz kann ich nicht einsehen, wozu die Zeugen eigentlich gehört werden sollen. Tatsache ist doch, dass Ihr Mandant den Kapitän angegriffen hat und dass er sich offensichtlich nicht in Notwehr befunden hat. Oder soll das eine Notwehrhandlung gewesen sein?"

„Herr Vorsitzender, meinem Mandanten ist eine angemessene Verpflegung über mehrere Tage hin verwehrt worden. Verantwortlich für eine ordnungsgemäße Verpflegung an Bord war und ist der Kapitän. Hinzu kam, dass unzulässigerweise eine Ablösung meines Mandanten für die Arbeit an der Maschine nicht erfolgt war."

„Also, Herr Germershausen, das mag doch allenfalls den Grad des Verschuldens Ihres Mandanten betreffen. Rechtmäßig kann dadurch das Verhalten doch wohl kaum geworden sein."

„Also, Herr Vorsitzender, mit Verlaub: Wenn Ihnen eine ordnungsgemäße Verpflegung verweigert wird, an Bord eines Schiffes auf hoher See, wo keine Möglichkeit besteht, andere Institutionen einzuschalten und Sie zudem kaum geschlafen haben, sondern Tag und Nacht gezwungen sind zu arbeiten, so liegt darin sehr wohl ein gegenwärtiger Angriff auf Leib und Leben. Mindestens durch Unterlassen."

„Na schön, also wenn Sie meinen, bitte sehr. Für mich kommt es darauf an, ob Ihr Mandant den Kapitän Teske bzw. den 1. Offizier angegriffen bzw. bedroht hat. Frau ... ach, nehmen Sie doch mal bitte auf: Beschlossen und verkündet. Es soll Beweis erhoben werden über die Behauptung der Beklagten, der Kläger habe den Kapitän Teske sowie den 1. Offizier Liebold der Beklagten am 12. Februar 1978 auf der Reede von Porto Cabello durch zwei unterschiedliche Handlungen angegriffen, bedroht und den Kapitän verletzt. Durch Vernehmung des Kapitäns Teske, des 1. Offiziers Liebold und – gegenbeweislich – des Besatzungsmitgliedes Gessner. Schauen Sie doch mal bitte, ob der Kapitän Teske schon da ist."

Die Protokollführerin stand auf, verließ den Saal und rief den Zeugen auf. Als sie zurückkehrte, befanden sich in ihrem Gefolge gleich drei Zeugen. Es waren der Kapitän, der 1. Offizier und das Besatzungsmitglied Gessner. Die drei bauten sich nebeneinander vor dem Richtertisch auf. Hunold belehrte sie: „Also, meine Herren, Sie sollen hier heute als Zeugen vernommen werden. Als Zeugen müssen Sie die Wahrheit sagen. Eine unwahre Aussage kann schwer bestraft werden, wenn die Aussage beeidigt wird, nicht unter einem Jahr, aber auch, wenn sie nicht beeidigt wird, müssen Sie die Wahrheit sagen. Ich hoffe, das ist Ihnen klar? Ja, wenn ich dann zunächst Herrn Kapitän Teske bitten darf. Und Sie, meine Herren, nehmen Sie doch bitte draußen noch einmal Platz und warten Sie, bis wir Sie aufgerufen haben."

Teske wurde gebeten, sich zu setzen, was er auch tat.

„Also, Herr Teske, ach, Kapitän Teske, Sie wissen ja sicherlich, um was es hier geht, nicht wahr?"

„Ja, Herr Vorsitzender. Ich habe ja schon die Anzeige gefertigt und jetzt wurde ich auch noch mal von der Staatsanwaltschaft vernommen."

„Ja, Herr Teske, Herr Kapitän Teske, das mag sein. Dieses Verfahren aber ist ein eigenständiges Verfahren. Was Sie dort gesagt oder geschrieben haben, interessiert uns hier nur am Rande. Bitte schildern Sie noch einmal aus Ihrer Sicht, was Sie aus der fraglichen Nacht des 12. Februar noch erinnern. Zuvor bitte noch zu Ihrer Person. Herr Teske, Sie sind 43 Jahre alt?"

„Ja."

„Von Beruf Kapitän, nicht wahr? Seit wann sind Sie bei der Reederei Reiter beschäftigt?"

„Seit nunmehr vierzehn Jahren."

„Mit Herrn Kühne oder mit dem persönlich haftenden Gesellschafter der Beklagten bzw. dem Komplementär des Gesellschafters, also Herrn Reiter, sind Sie nicht verwandt oder verschwägert?"

„Nein."

„Nun zur Sache, Herr Teske, bitte sehr!"

„Also, ich schlief damals in meiner Kammer. Die Kammer war unverschlossen. Etwa gegen drei Uhr erschien der Zweite Ingenieur, Herr Kupfer, mit Herrn Kühne in meiner Kammer und sie weckten mich etwa mit den Worten: „Fressen raus oder es passiert was!" Ich habe den beiden Männern gesagt, dass es zu dieser Zeit nicht üblich ist, sich zu verproviantieren. Sie sollten meine Kammer verlassen. Im Übrigen würde der Koch in einer Stunde, nämlich gegen vier Uhr aufstehen."

„Ja, was geschah weiter, Herr Teske?"

„Also, ich setzte mich an den Tisch in meiner Kammer. Die beiden Männer setzten sich ebenfalls an den Tisch. Ich wiederholte noch mal, dass der Koch in einer Stunde zur Verfügung steht, und ich nicht einsehen würde, warum man ihn jetzt schon wecken solle. Sie sollten meine Kammer verlassen, sagte ich, sonst müsste ich eine Eintragung im Schiffstagebuch machen."

„Was erklärten die beiden dann darauf?"

„Die lachten bloß. Dann schlug plötzlich der Kühne zu. Als er noch mal zuschlagen wollte, sagte ich, er möge es sich gut überlegen, nochmals zuzuschlagen. Aber er griente nur und versetzte mir zwei weitere Faustschläge ins Gesicht. Kupfer feuerte ihn an. Die Faustschläge trafen mich am Mund und am Auge."

„Ja und?"

„Was? Ja und?"

„Ja, wie ging es weiter?"

„Ja, genügt Ihnen das nicht?"

Hunold musste sich beherrschen: Langsam, aber durchaus im versöhnlichen Ton gab er Teske mit auf den Weg: „Also die Fragen, Kapitän Teske, ja? Die Fragen stelle hier i c h."

„Jawohl, Herr Vorsitzender."

„Also bitte, ich höre."

„Ja, also ich, ja, ich habe dann Hilfe geholt und die Küstenwache verständigt."

Germershausen hakte ein: „Ich dachte, die Tür war verschlossen?"

„Ach ja, sie wurde dann geöffnet."

„Sie wurde geöffnet von Kupfer oder Kühne?"

„Ich glaube von Kühne."

„Also gut, Sie wurden bedroht, geschlagen. Immerhin sagen ja auch Sie, es war ein Mordversuch und dann öffnen die Mörder die Tür, damit Sie Hilfe holen können?"

Hunold wurde es zu ungemütlich.

„Also, Herr Germershausen, wir sind hier doch nicht in einem Strafprozess."

„Darf ich vielleicht trotzdem, Herr Vorsitzender . . ."

„Ja, lassen Sie mal, ich mach das schon. Also, Kapitän Teske, was der Herr Rechtsanwalt meint, ist doch dies: Warum wurde denn die Tür geöffnet?"

„Ja, ich weiß es nicht mehr so genau, Herr Vorsitzender."

„Darf ich vielleicht nachhelfen, Herr Teske? War es nicht vielleicht so, dass Sie den beiden versprochen hatten, etwas zu essen zu holen und war es nicht vielleicht so, dass Sie Ihnen deshalb die Tür geöffnet hatten?" fragte der ungefragte Germershausen.

„Ja, also das, ja also das kann sein."

„Und war es nicht vielleicht so, dass es schon seit mehreren Tagen, ja, wenn ich mich nicht irre, seit mehreren Wochen an Bord des von Ihnen geführten Schiffes für die Mannschaft und auch für Herrn Kupfer nichts Ausreichendes zu essen gab?"

„Und war es gleichzeitig so, dass in übermäßigem Umfang an Bord Ihres Schiffes Alkohol ausgeschenkt wurde?"

„Herr Rechtsanwalt, diese Fragen gehören hier nicht hin." Hunold sprach eine Art erste Abmahnung für Germershausen aus. Germershausen tat so, als habe er nichts gehört.

„Ist Ihnen eigentlich bekannt, Kapitän Teske, zu welchen Handlungen Menschen neigen können, wenn sie von Hunger und von Alkohol dazu getrieben wer . . ."

„Also, Herr Rechtsanwalt."

Hunold schlug mit der flachen Hand auf die Tischplatte: „Ich lasse keine weiteren Fragen mehr zu, Herr Rechtsanwalt."

„Herr Hunold, Herr Vorsitzender. Sind Sie Vorsitzender einer Kammer für Seeschifffahrtssachen?"

„Was soll denn diese Frage! Also, Herr Rechtsanwalt, ich möchte mit Ihnen in dieser Art nicht weiter diskutieren."

„Herr Vorsitzender, entschuldigen Sie bitte, aber die Frage ist berechtigt: Wir verhandeln hier nicht über x-beliebige Tätlichkeit und nicht über x-beliebige Arbeitsbedingungen. Erst kürzlich wurde von sachverständlicher Seite aus belegt, dass schon die allgemeinen Arbeitsbedingungen an Bord von Schiffen zu erhöhtem Alkoholkonsum führen können und unter dem Einfluss des Konsums die Hemmschwelle der Be . . ."

Germershausen legte dem Vorsitzenden ein Gutachten mit dem Titel „Alkoholkonsum an Bord von Seeschiffen" auf den Tisch. Hunold aber reichte es umgehend zurück, schüttelte den Kopf und erhob sich: „Also haben Sie noch weitere Fragen, ich meine Fragen, die zum sachlichen Teil gehören oder wollen Sie weiterhin das Thema Verpflegung und Alkohol an Bord behandelt wissen?"

„Ja, das möchte ich, Herr Vorsitzender."

„In Ordnung, dann haben Sie also k e i n e weitere Fragen. Damit schließe ich die Beweisaufnahme. Entscheidung am Schluss der Sitzung."

Hunold stand auf und verließ mit den Beisitzern den Saal. Germershausen wollte noch hinterherrufen, dass noch weitere Zeugen draußen warteten und dass er die Beweisaufnahme so gar nicht schließen könne. Vergeblich: Die Kammer war bereits im Beratungszimmer verschwunden. Wiederholen konnte er sie nicht. Die Entscheidung war gefallen. Die Kündigungen wurden für rechtmäßig erklärt. Einige Monate später sprach das Landgericht Kühne und Kupfer von dem Vorwurf des Mordversuchs frei und stellte mit Zustimmung der Staatsanwaltschaft wegen der geringen Schuld der Betroffenen auch die übrigen Verfahren ein.

Auch das Urteil von Richter Humbold hatte keinen Bestand: In der zweiten Instanz erhielten Kupfer und Kühne im Wege eines Vergleiches eine Abfindung. Die Wahrheitsfindung des Hamburger Arbeitsrichters hatte sich als wenig tragfähig erwiesen.

Ein Befehlsempfänger

Die „Padua" war ein rostiger Eimer, wie Seeleute zu sagen pflegten. 9554 Bruttoregistertonnen. Ein Bananendampfer oder auch: Fruchtmotorschiff. Ein Kühlschiff auf der Route Mittelamerika. Aufbauten mitschiffs. Ein paar Ladebäume. Kühlräume jede Menge. Hauptfarbe: Weiß. Falls sie nicht gerade zuviel Rost angesetzt hatte. Und das war dieses Mal wieder der Fall. 28 Mann Besatzung. Darunter einige Filipinos in der Maschine und an Deck. Die „Padua" gehörte der traditionsreichen hanseatischen Reederei „Leistung", die den Schiffsnamen schon früher einmal einem ihrer Segelschiffe verliehen hatte. Aber das Bild des alten 5-Masters in der Kapitänskajüte war den Decksleuten und Maschinisten ebenso unbekannt wie der überlieferte Satz des Firmengründers „mundus vult decipi" (die Welt will betrogen sein). Sie kannten nur ihren 56-Stunden-Tag, den unaufhörlichen Rhythmus der 3 Wachen. Den Lärm in der Maschine unterhalb der Mannschaftsräume. Und das Hoffen auf etwas Abwechslung im nächsten Hafen. Mit der Heuer waren keine großen Sprünge zu machen. Das galt für Ausländer wie für Deutsche gleichermaßen.

Die „Padua" befand sich auf der Rückfahrt in den größten bundesdeutschen Hafen. Sie hatte die Azoren hinter sich gelassen. Die See war leicht bewegt. Auf der Brücke tat der nautische zweite Offizier Pollow Dienst. Im Maschinenraum waren die Wachgänger Alfonso und Schmidt tätig. Der diensthabende dritte Ingenieur war nicht anwesend. Das lag an einer Sondergenehmigung des Kapitäns, des Alten, wie er unter den deutschsprachigen Besatzungsmitgliedern hieß. Ernesto A, einziger Ausländer unter den Offizieren und Angestellten, war zehn Jahre bei der Reederei tätig und feierte heute seinen Geburtstag. Normalerweise hätte ein Offizier dies im Kreise seiner Kollegen getan. Aber Ernesto A. war Filipinos und seine Landsleute gehörten zum Deckspersonal oder waren Motorenwärter. Er war kein echter „Leistianer". Immerhin war der alte Leistung mit dem deutschen Kaiser per Du gewesen.

Und das wirkte bis in unsere Tage nach. Jedenfalls fand die Feier in der Kammer der Motorenwärter Ninoy und Badong statt.

Sie lag oberhalb des Maschinenraums mittschiffs. Das Innere war durch das einzige Bullauge nur dürftig erhellt. Zwischen den Kojen stand ein kleiner festgeschraubter Tisch. Die Wände waren vollgeklebt mit Fotos und Erinnerungen an verblichene oder erträumte Gestalten. Cola-Dosen und Bierflaschen waren auf den Betten gestapelt. Rauch erfüllte den engen Raum. Heftiges Stimmengewirr in Tagalog begleitete das Kartenspiel der Geburtstagsgäste. Badong hatte seine Gitarre hervorgeholt und begann einer Melodie nachzuhängen. Ernesto A. lauschte ihm. Er nahm am Kartenspiel nicht teil. Seine Gedanken waren weitab vom Thema der Feier: Wie sollte es mit ihm weitergehen? Wann könnte er seine Familie nach Deutschland holen? Fast die gesamte Heuer ging in die Philippinen und dort teilten sich auch seine Familie, Brüder und Cousins die Überweisungen. Keineswegs alles erhielten Frau und Kinder. Außerdem ging das Gerücht, dass die Reederei demnächst alle dritten Ingenieure einsparen wolle. Der Bootsmann hatte ihm erzählt, da brauche er aber keine Angst zu haben. Das wäre Gesetz. Sie bräuchten einen 3. Ingenieur. Das stünde in der SBO oder so ähnlich. Aber ob das noch galt? Und im Übrigen: Auch deutsche Bootsleute konnten irren. Oder etwa nicht?

Währenddessen empfing der Funker Söncksen gerade einen Anruf des Inspektors Lendenmann der Reederei. Lendenmann war die einflussreichste Instanz des Unternehmens. Jedenfalls erschien dies den Nautikern so. Ohne ihn lief fast nichts. Gegen ihn überhaupt nichts. Lendenmann am Ohr haben hieß für den Funker erhöhte Wachsamkeit. Doch die Funkverbindung war miserabel. Der Funker versuchte deshalb so leise wie möglich in die Sprechmuschel zu schreien.

„Wie b-i-t-t-e? Eine Ausnahmegenehmigung, aha, ja, verstanden. – Ja, kein dritter Ingenieur mehr. Ja-ja-aber . . . Ach so . . . , in Ordnung ja . . . ja. Jawohl."

Der Funker wiederholte den ihm aufgegebenen Text und schrieb, was er aussprach: „ . . . in nächster Zeit . . . zu gegebenem Anlass."

„Ich richte es dem Kapitän aus, Herr Lendenmann! Wird gemacht – jawohl. Geht in Ordnung!"

Der Funker beendete das Gespräch, legte den Hörer beiseite und schüttelte langsam und nachdenklich den Kopf. Dann vervollständigte er die Notiz und ging zum Alten.

Der Alte saß mit dem Chief in der Kapitänskajüte. Er warf einen kurzen Blick auf die Notiz, sagte „danke" und nickte. Zum Zeichen, dass Söncksen wieder gehen könne.

„Hab ich mir schon gedacht."

„Was denn?"

„Na, sehen Sie selbst. Die wollen den Ernesto loswerden. Wie wir das anstellen, sollen wir uns selbst einfallen lassen. Haben jetzt 'ne Ausnahmegenehmigung."

„Ehrlich gesagt, ich kann den sowieso nicht ausstehen. Der Mann ist einfach unfähig. Absolut unfähig. Wie oft habe ich ihm erklären müssen, dass er noch mal die Schulbank drücken muss. Gott weiß, wo er d a s Diplom her hat!"

„Na schön. Aber fleißig ist er. Denken Sie an die Überstunden, als die beiden Schmierer krank waren."

„Ja ja, mag sein, dass er arbeiten kann, aber w i e !"

„Ach du großer Gott."

„Was ist?"

„Ja, der feiert doch heute seinen Geburtstag . . ."

„Na und? Was soll's?"

Lerchenfeld konnte nur notdürftig verbergen, dass er schlicht etwas gegen Ernesto hatte. Er konnte das nicht so deutlich sagen, schließlich war Ernesto ja kein blinder Passagier. Aber er war eben der Auffassung, dass Asiaten an Bord deutscher Schiffe allenfalls als Wäscher und Schmierer in Betracht kämen. Selbst als Köche waren sie ihm suspekt, nachdem ein Filipino sich die Dreistigkeit herausgenommen hatte, kein Essen ohne Knoblauch zu servieren. Sauerkraut war ihm ein Fremdwort gewesen. Lerchenfelds Weltbild verlangte klare Trennungen. Hier er und seinesgleichen. Dort Befehlsempfänger. Von ihm aus auch Ausländer. Aber bitte nicht auf der Ebene der Befehlsgewalt, als Offizier, nein.

Insofern kam Lerchenfeld die Weisung des Inspektors durchaus zupass. Die Skrupel des Kapitäns teilte er nicht. Doch wie sollte er einen geeigneten Anlass für eine Kündigung finden? Vielleicht kündigte der Ernesto ja sogar selbst, wenn man nur ein bisschen nachhalf? Er glaubte, den Motorenwärter Kallrath als Bundesgenommen gewinnen zu können. Er war zwar auch nur ein Befehlsempfänger, aber immerhin Deutscher. Lerchenfeld suchte dessen Kabine auf. Aber dort war nur der Bootsmann, der dem verdutzten Lerchenfeld zu berichten wusste, Kallrath sei auf der Geburtstagsfeier von Ernesto A! Na, denn Mahlzeit. So ist das also. Also müsste er sich selbst etwas einfallen lassen. Lerchenfeld ging in den Maschinenraum runter. Die Sache duldete keinen Aufschub.

Längst hatten sich die Geburtstagsgäste um den Gitarristen Badong geschart. Andächtig lauschten sie der Ballade von Liebe und Tod. Kallrath verstand kein Wort. Aber hier fühlte er sich wohl. Von den Filipinos konnte man sagen, was man wollte. Aber hier musste man nicht auf der Hut sein. Hintenrum lief nichts. Die Leute waren ehrlich und herzlich. Gerade zeigte ihm Ernesto die Fotos seiner Familie, in die Kallrath sich vertieft hatte, als in die Feier der schneidende Schrei der Maschinensirene schall.

Ernesto machte sich auf den Weg. Kallrath folgte ihm. Aber Ernesto zeigte ihm den Weg zurück. Er sollte weiterfeiern. Ninoy und Badong sollten mitkommen. Nein, Badong sollte weiterspielen. Laurino sollte mitkommen. So geschah es.

Im Maschinenraum war merkwürdigerweise niemand anwesend. Wo waren Schmidt und Alfonso? Wer hatte den Alarm ausgelöst? Fragen, die jetzt nicht beantwortet werden konnten. Aber Ernesto erkannte sofort, wo der Fehler lag. Eine Ölleitung war gerissen. Sofort ging er zum Werkzeugschrank. Aber der war verschlossen. Nanu! Wo war der Schlüssel? Es war wie verhext. Der Alarm lief noch, Öl spritzte auf den stählernen Fußboden. Werkzeuge waren nicht vorhanden. Die Räder an den Absperrhähnen fehlten. Den Haupthahn absperren, das hätte den Ausfall der Maschine zur Folge gehabt. Das Risiko wollte Ernesto nicht eingehen. Was also tun? Eile war geboten. Mit unzureichenden

Mitteln versuchten er und seine Freunde das Leck in der Ölleitung zu dichten. Es gelang einigermaßen. Doch immer noch drang Öl aus der Leitung. Die Zeit rann dahin. Noch bevor Ernesto den Chief informieren konnte, stand dieser selbst leibhaftig oberhalb der Treppe, die in den Maschinenraum hinunterführte. Im Lärm der Maschine brüllte Lerchenfeld: „Was ist denn das für eine Sauerei!"

Sein Auftritt schien den Leibhaftigen verkörpern zu sollen, so, als habe er von vornherein gewusst, was geschehen sei und als werde er jetzt das Strafgericht halten. Ernesto war sprachlos. Er rang nach Worten.

„Können Sie denn noch nicht einmal eine lächerliche Ölleitung abdichten!"

„Ja, aber der Werkzeugschrank ..."

Ernesto konnte nicht fortfahren. Ein wahres Wortgewitter von Lerchenfeld brach über ihn herein. Zusammenhanglos. Unverständlich. Doch die Absicht war klar. Es war die Rede von Gehorsamsverweigerung, von Unfähigkeit und anderen Dingen. Jeder konnte sofort erkennen, da war mehr im Spiel als nur die Kritik eines Vorgesetzten. Da brachen Hass und Ausländerfeindlichkeit hervor wie Urgewalten, die alles dahinschwimmen ließen, was zum Bestandteil angeblich gesitteter Erziehung gehört gehabt hätte. Chief Lerchenfeld rückte die Kompetenzen gerade und klassifizierte den dritten Ingenieur als „billigen Befehlsempfänger", der dankbar sein sollte, seine Schuhe solange auf ein deutsches Schiff gesetzt haben zu dürfen, anstatt zu Hause vor der leeren Schüssel Reis zu sitzen.

Nicht die Worte waren es, die Ernesto A. dabei trafen, sondern der Ton, die Richtung und die Anwesenheit seiner eigenen Leute. Untergebene zwar, aber Landsleute. Einfache Besatzungsmitglieder, aber Freunde. Vor ihnen verlor er sein Gesicht, wenn er schwieg. Sich selbst aber verbaute er alle Zukunft, wenn er sich wehrte. Sein aufbäumendes und verzweifeltes „Stop it" schüttelte der Hüne Lerchenfeld ab mit einem schneidenden „Shut up, you fool!"

Ernestos Hand hob sich wie automatisch. Eine verzweifelte Wut stieg in ihm auf.

Das war sie: die Drohung, die Widersetzlichkeit, der Aufruhr, vor dem Generationen von Seemannsordnungen im Interesse von Disziplin und Zukunft immer wieder gewartet hatten. Und diesmal in Gestalt eines nicht fügsamen Asiaten. Für Lerchenfeld war das Maß voll! Der Chief ging zum Alten. Und erstattete Bericht. Einen geschönten Bericht, versteht sich. Der Alte war erleichtert und rief Ernesto hoch. Mit dem Ausdruck des Bedauerns teilte er ihm mit, er sei gekündigt. Am nächsten Morgen stand Ernesto allein an der Pier eines holländischen Hafens. Ratlos und verzweifelt.

Zurückgekehrt in den Heimathafen seines ehemaligen Schiffes, brachten ihn Seeleute zu dem Rechtsanwalt Gentig. Gentig stellte ernüchternd die Zeugenlage fest. Ein deutscher Chief gegen zwei asiatische Motorenwärter. Wie solle das gut gehen? Illusionen hatte Gentig gelernt abzulegen, seit er nicht nur die Reederei Leistung und ihre traditionsreichen Praktiken kennen gelernt hatte.

Doch wo war das Kündigungsschreiben? Es gab keins? Wieso denn das? Ein ungeahnter Rettungsanker schien sich zu offenbaren. Reederei und Kapitän hatten die vom Seemannsgesetz vorgeschriebene Schriftform der Kündigung vergessen. Ernesto hatte das vom Kapitän noch hastig aufgesetzte Papier nicht mehr erhalten, bevor er von Bord ging. Zu sehr war man über die Eliminierung dieses asiatischen Fehlgriffs erleichtert, als dass die Notwendigkeiten eines formalen Papierkrieges bedacht worden wären.

Gentig setzte sich mit Lendenmann in Verbindung und erläuterte ihm die Lage. Lendenmann war bereits über die Dreistigkeit des Anrufs von Gentig einigermaßen entsetzt. Gewöhnlich pflegte er mit Gentig nur brieflich zu verkehren, und das auch allenfalls nur im Wege eines Diktatzeichens. Aber er wusste: Er musste auf der Hut sein. Schließlich sollte die Kündigung von Ernesto grundlegende Personaleinsparungen vorbereiten. Wenn sich so ein Fehler in der Fahrt herumsprach, so konnte dies seine Autorität kosten. Nicht auszudenken war im Übrigen, was der Aufsichtsrat zu einer solchen Schlamperei gesagt hätte.

Lendenmann versprach, sich zu melden.

Tatsächlich meldete sich Lendenmann nicht. Gentig durfte nicht länger warten, sonst wäre die Kündigung wirksam gewesen. Er reichte Klage beim Arbeitsgericht ein. In der Güteverhandlung trafen sie sich wieder: Gentig, Lendenmann und Ernesto. Lendenmann hatte den Kapitän mitgebracht. Ernesto und Gentig wunderten sich. Gentig hatte so eine Ahnung.

Nachdem der Richter Apfel Lendenmann das Wort erteilt hatte, kam dieser sogleich zur Sache:

Also, Herr Vorsitzender. Es liegt im vorliegenden Fall überhaupt keine Kündigung vor.

Gentig stockte der Atem. Also d a s war es. Deshalb hatte Lendenmann sich nicht gemeldet.

„Herr Vorsitzender, es ist zwar richtig, dass Herrn A. gegenüber eine Kündigung ausgesprochen wurde. Ebenso richtig ist, dass diese Kündigung nicht in der vorgeschriebenen Form überreicht wurde. Der Kläger hat sich aber mit der Kündigung im Beisein von Kapitän und Chief einverstanden erklärt. Und ich sage Ihnen ja nichts Neues, wenn ich feststelle, dass ein Aufhebungsvertrag n i c h t schriftlich geschlossen werden muss. Mündliche Abmachung genügt."

Gentig war sprachlos. Ernesto hatte kein Wort verstanden. Lendenmann nutzte die Gelegenheit und setzte nach: „Herr Vorsitzender, wir haben den Kapitän mitgebracht. Vielleicht können wir ihn informatorisch hören. Das wird vielleicht auch Herrn Gentig überzeugen."

Unverkennbar der ironische Unterton in den Ausführungen des Lendenmann. Gentig kochte vor Wut, aber ließ sich nur wenig anmerken. Kurz und knapp setzte er den Vorsitzenden wie folgt ins Bild: „Herr Vorsitzender, unter diesen Umständen dürfte es zwecklos sein, Vergleichsgespräche zu führen. Ich darf Sie bitten, einen Kammertermin anzuberaumen."

„Wollen Sie nicht vielleicht mit Ihrem Mandanten über diesen Punkt reden? Benötigen Sie eine Unterbrechung?"

„Nein, ich benötige keine Unterbrechung, aber ich kann gern in Ihrem Beisein meinen Mandanten fragen."

Gentig wurde lauter. Er schien, wie so viele, der irrigen Annahme zu sein, dass mangelnde deutsche Sprachkenntnisse beim Gegenüber durch zusätzliche Phonzahlen ausgeglichen werden könnten.

„Also, Sie sollen mit der Kündigung einverstanden sein! . . . You have agreed! That's what the company is telling."

„What?!"

„Yes, that's what they are telling!"

„Oh no, no, noooh! That's wrong! Why I should agree? That's . . ."

„Sie sehen, Herr Vorsitzender, das hatte ich mir bereits gedacht."

„Ja, unter diesen Umständen, meine Herren, glaube ich, ist es dann wohl doch besser, wir beraumen einen Kammertermin an."

So geschah es. Man erhob sich von den Plätzen.

Wochen später rief Lendenmann bei Gentig an und unterbreitete ein großzügiges Angebot: Ernesto sollte gegen Zahlung einer Abfindung von DM 40.000,00 ausscheiden. Gentig fragte nach den Gründen. Lendenmann verwies auf die Großzügigkeit seiner Reederei, die ja schon Legende sei. Offenbar wollte Lendenmann anspielen auf das Mäzenatentum der alten Leistung.

Gentig ließ es gut sein. Er hakte nicht weiter nach. Er klärte die Angelegenheit mit Ernesto. Ernesto war einverstanden. Also geschah es.

Monate später sprach Richter Apfel in der Kantine des Arbeitsgerichts Gentig an: „Sagen Sie mal, warum haben Sie eigentlich den Schmidt nicht vertreten?"

„Schmidt? Welchen Schmidt meinen Sie?"

„Ja, den Schmidt von Leistung. Kapitän Schmidt. Den kennen Sie doch. Der sollte doch damals als Zeuge gegen diesen, ja, wie heißt er noch, ach ja, Ernesto A. als Zeuge aussagen?"

„Stimmt. Aber wieso sollte ich d e n vertreten?"

„Ja, wissen Sie das denn nicht? Kurze Zeit, nachdem wir uns in der Güteverhandlung gesehen hatten, haben die doch den Schmidt ge-

kündigt. Ich hatte mich schon gefreut und gedacht, na, wenn der zu Gentig geht, das wird ja sicherlich lustig für Lendenmann."
Apfel lachte auf.
„Ach soooo ist das. Jetzt wird mir einiges klar."
„Wieso was denn, was wird Ihnen klar?"
Apfel wollte nachhaken. Bei diesen Gesprächen war doch immer mehr herauszufinden als bei diesem Verhandlungstheater. Doch Gentig stoppte den Informationsdrang des aufdringlichen Kammervorsitzenden.
„Ach nee, ich dachte da nur gerade an etwas."
Gentig hatte an die großzügige Reederei gedacht und deren Propheten Lendenmann . . . Der hatte ja nicht nur einem Kapitän gekündigt, sondern auch einem Zeugen . . .

Seeleuteraub

Es war Anfang der 1980er Jahre. Ein kalter Februartag. Freitags achtzehn Uhr. In der Hamburger Innenstadt hatten sich fünf philippinische Seeleute auf den Weg zu Rechtsanwalt Gelberg gemacht. Gelberg war vor seinem Jurastudium einige Jahre zur See gefahren. Das hatte sich herumgesprochen. Auch unter den Landsleuten der fünf Filipino, die auf der Suche nach ihrem „attorney" durch die Arkaden der Colonnaden hasteten. Außerdem war Gelberg mit einer Filipina verheiratet. Eine halbe Stunde vorher hatte der Sprecher der fünf bei Gelberg schon SOS gemeldet. Man sei ihm Streik bei Blohm & Voss. Hilfe sei vonnöten. Es war der Maschinist Leonardo Acain gewesen. Er hatte berichtet, dass er und seine Landsleute auf dem griechischen Schiff „Poseidon" unterbezahlt würden und außerdem seit Monaten überhaupt keine Heuer mehr bekommen hätten.

An sich war an dem Fall nichts Ungewöhnliches. Mit der Eintreibung von Heuernachzahlungen war Gelberg von ausländischen Seeleuten schon des Öfteren beauftragt worden. Doch in all diesen Fällen begann seine Tätigkeit erst, als die Heuerverhältnisse beendet waren oder aber die Seeleute ihre Schiffe verlassen hatten. Hier aber wollte offensichtlich niemand ein Schiff verlassen. Vielmehr hatten die Seeleute ihre Arbeit niedergelegt und blieben weiter an Bord des Schiffes.

Natürlich war auch das nichts Ungewöhnliches. Ungewöhnlich aber schien Gelberg der Weg, den die Seeleute eingeschlagen hatten, indem sie zu einem Rechtsanwalt und nicht etwa zur Gewerkschaft gingen. In Gelberg kam die böse Vorahnung hoch, dass irgendetwas schiefgegangen sein müsse und dass – wie auch immer die Bitte lauten würde – er als Rechtsanwalt nur wenig ausrichten könne. Vier junge Filipinos von mittlerer Statur traten ein. Ein fünfter, etwas größer und korpulenter, stellte sich und die anderen sogleich vor.

Man setzte sich und Acain berichtete: Die Familien würden schon seit Wochen Briefe schreiben, aus denen hervorginge, dass zu Hause kein Geld mehr eintreffen würde. Sie selbst hätten auch kein Geld mehr. Die Kinder müssten hungern. Den zwölf Filipinos an Bord würde nicht die griechische Heuer gezahlt. Für ihn – Acain – sei bereits ein Ersatzmann aus Kenia eingetroffen, der ebenfalls die griechische Heuer erhalte.

Warum ein Ersatzmann da sei, wenn ihm selbst doch noch gar nicht gekündigt worden wäre?

Man wisse es nicht. Vielleicht hinge es mit den Beschwerden zusammen, die Acain im Auftrag der Filipinos dem Kapitän vorgetragen hätte.

Schließlich sei das Essen katastrophal. Die Filipinos würden von den griechischen Offizieren schikanös behandelt und gegenüber allen anderen diskriminiert.

„Wo liegt das Schiff?"

„In Dock 8 bei der Firma Blohm & Voss."

„Waren Sie schon bei der Gewerkschaft, bei der ÖTV oder der ITF?"

„Wir haben mehrmals mit dem ITF-Inspektor gesprochen. Wir haben ihn sogar in seinem Büro aufgesucht. Er sagte uns, die griechische Flagge sei keine Billigflagge, daher könne die ITF nichts machen. Er empfahl uns, das philippinische Generalkonsulat um Hilfe zu bitten."

„Und? Haben Sie es getan?"

In der Frage Gelbergs schwang Resignation mit: Hätten die Filipinos den Rat des ITF-Inspektors nicht befolgt, so wäre jeder erneute Versuch, ihn um Hilfe zu bitten, zwecklos gewesen. Hätten sie hingegen den Rat befolgt, so wäre allein deshalb schon die Aktion „gelaufen" gewesen, denn über das Konsulat wären die zuständigen Stellen in Manila verständigt worden ...

„Ja, wir haben alles gemacht. Doch ohne Erfolg. Sie sagen alle, sie könnten uns nicht helfen."

Gelberg dachte: Was soll ich da lange Vorträge halten. Diese Männer wussten nur zur gut, dass ihnen am wirksamsten nur die Gewerkschaft helfen konnte. Gelberg rief daher nochmals im ITF-Büro an. Da war aber niemand mehr zu erreichen. Er versuchte es bei der ÖTV. Ohne Erfolg. So musste er verschiedene Gewerkschaftssekretäre zu Hause anrufen und nach der privaten

Telefonnummer des ITF-Inspektors fragen. Schließlich hatte er Erfolg: Er erreichte den ITF-Sekretär zu Hause. Als Gelberg den Fall vortrug, hatte er sogleich den Eindruck, dass er in jeder Hinsicht ungelegen käme. Das Argument, die griechische Flagge sei keine Billigflagge, wollte der Sekretär zwar Gelberg gegenüber nicht wiederholen. Andererseits aber verwies er darauf, dass in dieser Angelegenheit die griechische Seeleute-Gewerkschaft zuständig sei. Diese habe ja in Hamburg auch einen Sekretär. Der sei im Moment zwar in Göteborg. Er habe ihn auch nicht erreichen können. Aber schließlich sei es ja auch noch nicht zu irgendeiner Aktion der Seeleute gekommen, so dass die Frage der Solidarität noch nicht aktuell sei.

Und um gleich irgendwelchen Hoffnungen Gelbergs entgegenzutreten, ergänzte er: Selbst, wenn es zu einer Aktion käme, so wäre diese ohnehin aussichtslos. Er habe das auch den Leuten gesagt.

„Wieso aussichtslos? Gelberg wollte es wirklich wissen."

„Das Schiff liegt doch im Dock. In einem Schwimmdock kann man nicht streiken."

„Warum nicht?"

„Bei Streiks in einem Dock kann kein Druck ausgeübt werden."

Gelberg schien dieses Argument wenig überzeugend. Ihm lag die Vorstellung zugrunde, dass wegen der Kürze der Liegezeiten an den Umschlagkais zusätzlicher Druck auf die Hafenunternehmer erzeugt würde. Ein Dock aber war kein Umschlagkai. Soweit richtig. Möglicherweise dachte der Sekretär auch an die leichtere Form der Solidarisierung: Hafenarbeiter beteiligen sich oft an Boykott-Aktionen und sind zudem in derselben Gewerkschaft organisiert.

Doch abgesehen davon, dass in den Docks auch Arbeiter tätig waren, nämlich in der IG Metall organisierte Werftarbeiter, konnten weder Gelberg noch die Filipinos sich den Ort der Auseinandersetzung aussuchen. Auf hoher See hätten sie die Hilfe der ITF nicht in Anspruch nehmen können. Auf hoher See hätten sie sie wahrscheinlich auch nicht benötigt. Da pflegen Seeleute nämlich recht selten zu streiken . . .

Alles Diskutieren half nichts. Irgendetwas hatten die Filipinos falsch gemacht. Sie waren zu einem Anwalt gegangen, anstatt sich mit dem Rat des Gewerkschaftssekretärs zu begnügen. Das war wohl – abgesehen von dem ungünstigen Zeitpunkt – eine Art Sünde, die sie begangen hatten. Jedenfalls wollte der ITF-Sekretär da „nicht ran". Dennoch schlug er die Tür nicht ganz zu. Man könne ja sehen, wie sich die Sache „weiterentwickle"...

Was sollte Gelberg davon den erwartungsvollen Filipinos berichten? Sie hatten schon Recht: Sie hatten die Wahl zwischen Resignation und Kampf. So aussichtslos der Kampf schien, so unvermeidbar musste er angesichts der Briefe von Familien und Ehefrauen sein, die die Seeleute in den Händen hielten.

„We have no other choice. We must go forward."

So skizzierte Acain die Lage. Da sprach kein Desperado, kein Traumtänzer. Das war jemand, der mit dem Rücken zur Wand stand und keine andere Wahl hatte. Und dennoch gehörte Mut dazu.

Als Gelberg nach den Verträgen fragte, hieß es, man habe keine. Sie lägen beim Kapitän. Jetzt wusste er: die Verträge waren zwischen dem Reeder und einem philippinischen Menschenhändler, „crewing agent" genannt, geschlossen worden. Das bedeutete nicht nur Billigheuer, sondern auch eine Garantie, nur arbeitswillige und fügsame Seeleute geliefert zu haben, Leute, die unter philippinische Law and Order fielen, also vor allem unter das Streikverbot der damaligen Regierung Marcos.

Gelberg machte die Seeleute auf die Risiken ihres Vorhabens aufmerksam, auf die Gefahren, die ihnen und ihren Familien im Falle eines Streiks auf den Philippinen drohen könnten. Doch – sie nickten nur. Sie hatten alles bedacht. Ihr Entschluss war unumstößlich. Ihre wichtigste Frage war, ob ein solcher Streik nach bundesdeutschem Recht zulässig sei. Gelberg bejahte dies und klopfte dabei auf einen vor ihm liegenden dicken Band, der ihn in dieser Frage als Kapazität auswies: Es war seine Doktorarbeit. Doch: Recht haben und Recht behalten sind bekanntlich zweierlei Dinge. Wenn schon die Unterstützung der Gewerkschaft unsicher war, wenn vielmehr sogar ihre mangelnde Unterstützung so gut wie sicher war, so mussten Gelberg und seine Mandanten wenigstens versuchen, das Schiff durch Gerichtsbeschluss arretieren zu lassen. Das war jedoch alles andere als einfach. Zum einen fehlten die dafür grundsätzlich erforderlichen Verträge der Seeleute, zum anderen hatten sie die gerade neugefassten Bestimmungen des griechischen Seearbeitsrechts nicht zur Hand. Auch die Höhe der einzelnen Forderungen war noch unbekannt. Ein gutes Stück Arbeit lag daher vor ihnen.

Gelberg, der unter der arbeitenden Bevölkerung der Hansestadt bekannt war wie ein bunter Hund, trommelte binnen kurzem ein Unterstützungskomitee für die Filipinos zusammen. Darunter waren ein griechischer Arbeiter, der sich einigermaßen mit dem Recht seiner Heimat auskannte, aber auf jeden Fall als Dolmetscher wichtig war. Ferner eine deutsche Sozialarbeiterin, die – wie Gelberg meinte – ein Recht darauf hätte zu sehen, wie arme Teufel aus der Dritten Welt kämpfen können, anstatt nur bemuttert zu werden.

Am nächsten Morgen fuhren sie mit einem VW-Bus zur Werft. Der Werkschutz ließ den ungewöhnlichen Lieferwagen passieren. Mitgebracht hatten sie nicht nur Gesetzestexte, Papier und Taschenrechner, sondern auch alte Tapetenrollen und Filzstifte. Sie fragten sich zum Dock 8 durch. Schließlich konnten sie das Schiff in einiger Entfernung vom Ausrüstungskai entdecken. Es war mit voller Ladung in das Dock gegangen. Auf dem gesamten Deck waren Bretterholz-Ladungen festgezurrt. Nur in Höhe der Aufbauten war das Deck überhaupt passierbar. Zum Teil ragte die Ladung über die Bordwände hinaus.

Selbst dem blutigsten Laien fiel sofort auf, dass hier Sicherheitsvorschriften nicht beachtet worden waren. Auf der Backbordseite befand sich unmittelbar in Ankerhöhe ein 3 x 4 Meter großes Loch, das von einer Kollision herrühren musste. Werftarbeiter arbeiteten daran.

Sie stiegen die eisernen Treppen in der Dockwand hoch. Oben angelangt, kletterten sie über die schmale Gangway und wurden bereits von wartenden Filipinos empfangen. Über das Deck waren Leinen gespannt, an denen Plakate hingen, welche auf den Streik hinwiesen. Doch der Text war kaum lesbar. Jedenfalls schienen die auf dem Schiff arbeitenden Werftarbeiter überhaupt nicht zu ahnen, was auf dem Schiff vorging.

Das Schiff selbst machte einen heruntergekommenen Eindruck. Es hatte offenbar mehrere Jahre in der Ägäis gedümpelt und vor sich hingerostet.

Die Filipinos führten Gelberg und seine Leute in die Kammer von Acain. Dort warteten bereits weitere Besatzungsmitglieder. Es war eine Kammer von vielleicht 7 m². Doch für die Filipinos schien es dasselbe zu sein wie die Offiziersmesse für die Offiziere: Der sicherste Ort der Kommunikation an Bord. Die Wände der Kammer waren mit dem üblichen Seeleute-Zierat behängt und mit kleinen Jesus-Bildern. Kaum hatten sie sich gesetzt, wurden sie von allen Seiten bewirtet: Cola-Dosen und andere aus der letzten Reserve hervorgekramten Süßigkeiten wurden vor ihnen aufgebaut.

Man ging an die Arbeit. Es galt, die Abrechnungen für alle zwölf Filipinos zu überprüfen, einschließlich ihrer Überstunden. Da es keine offiziellen Listen gab, hatten die Besatzungsmitglieder selbst Aufstellungen gemacht. Es stellte sich heraus, dass alle entweder als Deckleute oder in der Maschine tätig waren. Während die übrigen Besatzungsangehörigen zwischen 600 und 650 $ im Monat verdienten zuzüglich der Überstundenbezahlung nach griechischem Tarif, erhielten die Filipinos nur 200 bis 300 $. Für jede Überstunde 1 Dollar. Die abgerechneten Überstunden entsprachen nicht den wirklich geleisteten. Die Monatsheuern selbst waren teilweise bis zu sieben Monate lang nicht ausgezahlt worden. Erst jetzt wurde Gelberg und seinen Leuten das ganze Ausmaß des Betruges deutlich. Nicht genug damit, dass man sie diskriminierte. Sie sollten auch um ihren Hungerlohn geprellt werden.

Vollmachten wurden ausgefüllt, eidesstattliche Versicherungen aufgesetzt. Gelberg und seine Leute halfen beim Plakatemalen. Die mitgebrachten Tapetenrollen leisteten gute Dienste. Die vielen Menschen in der kleinen Kammer verdünnten die vorhandene Luft erheblich. Doch die Stimmung stieg. Man legte einen Plan fest: Streik und Arrest sollten parallel laufen und sich gegenseitig absichern. Eine Presseerklärung wurde vorbereitet. Auch ein Flugblatt für Werftarbeiter wurde entworfen. Montagmittag sollte es fertig sein. Bis dahin musste das Schiff über die Runden gebracht werden. Keiner wusste, wann die Reparaturarbeiten abgeschlossen sein sollten. Montagmittag, das war das nächste Etappenziel.

Während alle anderen an den technischen Vorbereitungen der Aktion fieberhaft weiterbastelten, ging Gelberg mit seinem griechischen Freund zur Brücke. Acain ging voraus. Auf dem Weg zur Brücke bot sich überall ein trostloses Bild. Defekte Waschräume und Toiletten, eine heruntergekommene Kantine, unsichere Treppen, kaputte Lampen.

Je höher sie kamen, um so langsamer wurde Acain. An seiner Kondition konnte es nicht gelegen haben. Er war von Natur aus alles andere als langsam. Doch schließlich ließ er den beiden anderen sogar ganz den Vortritt und folgte in sicherem Abstand. Vor der letzten Treppe angekommen, wollte er zunächst gar nicht mehr weitergehen. Gelberg musste ihn förmlich drängen und hochschieben. Acain hatte offensichtlich Angst. Es war so, als sollte er gezwungen werden, die Höhle eines Löwen zu betreten. Und tatsächlich: Als wir das Kapitänszimmer betraten, wusste Gelberg, warum Acain unten bleiben wollte: Der Kapitän, ein etwa 35 Jahre alter Grieche, untersetzt, offenbar häufiger dem Alkohol zugetan, begrüßte sie müde und scheinbar lässig, um sodann den erst jetzt wahrgenommenen Acain in schneidendem Ton anzubrüllen, er sollte gefälligst die Klappe halten, wenn er nicht gefragt worden sei. Acain hatte gar nichts gesagt, aber er zitterte wieder.

Der Kapitän wandte sich Gelberg zu. Scheinbar höflich lächelnd. Tatsächlich zynisch grinsend. Seine Geste sollte soviel heißen wie: „Sir, Sie mögen ein Gentleman sein, aber Sie wissen nicht, wie man mit einem Hund umgeht."

Sie kamen zur Sache. Der griechische Begleiter von Gelberg versuchte es zunächst auf Griechisch. Gelberg wiederholte es in englischer Sprache. Man wolle die Verträge der Filipinos sehen. „Sorry . . ." ließ der Kapitän verlauten, er habe keine. Und dann setzte er frech und selbstbewusst hinzu: „Do you sign a document without asking a copy?"

Nein, natürlich nicht. Aber jetzt war sich Gelberg noch sicherer in der Annahme, dass der Kapitän die Verträge besaß. Gelberg konterte, dass sie anhand der Abrechnungen die Forderungen der Mannschaft nachprüfen könnten, einschließlich der Forderungen auf rückständige Heuer nach griechischem Tarif. Sie hätten den Auftrag, das Schiff zu arrestieren. Das würde in kurzer Zeit geschehen, wenn die sich auf 40.000 $ belaufene Gesamtsumme nicht unverzüglich gezahlt werde.

Falls er als Kapitän keine Verhandlungsvollmacht habe, solle er die Reederei oder deren Agenten verständigen. Man würde solange warten.

Als ob er auf alles gefasst war, versprach er, die Reederei in Piräus zu verständigen und bat, eine halbe Stunde zu warten.

Die drei gingen wieder hinunter und berichteten. Allein die Tatsache, dass jemand dem Löwen getrotzt hatte, steigerte die Stimmung. Die Forderungen wurden nochmals präzisiert. Eine Gesamtaufstellung wurde gemacht.

Einige Zeit später ließ der Kapitän bitten. Diesmal ging Gelberg allein. Acain wollte nicht mehr. Der griechische Dolmetscher musste plötzlich weg. Oben angekommen, bat man Gelberg ans Telefon. Er sprach mit dem Reeder in Piräus persönlich. Nach allerlei Floskeln kam man zur Sache. Gelberg nannte noch einmal die präzisierte Forderung und behauptete, das Schiff stünde kurz vor der Arretierung. Die Angelegenheit sei umfassend geprüft worden. Das Dilemma der bisher fehlenden gewerkschaftlichen Unterstützung bog er wie folgt zurecht: „Sie können froh sein, dass wir in dieser Sache die Gewerkschaften noch nicht verständigt haben. Falls die Forderungen nicht erfüllt werden, werden wir uns mit einer Arretierung des Schiffes nicht mehr begnügen. Dann wird auch die ITF eingeschaltet."

Für Gelberg galt es, bei der Gegenseite lange Überlegungen, warum denn überhaupt ein Rechtsanwalt beauftragt worden war (und nicht die Gewerkschaft), zu verhindern. Nur so sollte ein Schuh daraus werden: Wer sich mit dem Anwalt nicht einigt, kriegt es mit der Gewerkschaft zu tun ...

Gelberg war einigermaßen froh, auf diese Weise noch „die Kurve gekriegt zu haben". Aber wie lange konnte er diese Fassade noch aufrechterhalten? Hatte man am Ende – so dachte Gelberg – auf der anderen Seite vielleicht erkannt, dass hier nur Laien am Werke waren? Ohne ausreichende praktische Erfahrung und ohne starken organisatorischen Hintergrund? Jeder Seemann aus der Dritten Welt kannte doch die ITF. Und wenn die nicht in Aktion trat? War das nicht schon die halbe Miete für den Reeder? Griechische Reeder waren nicht die Dümmsten.

Diesen Gedanken hing Gelberg nach, als der Reeder zusagte, er werde am Montag selbst nach Hamburg kommen. Er werde das Geld mitbringen. Sogar Zeitpunkt und Ort wurden vereinbart: Montag, 11.00 Uhr, im Büro von Gelberg.

An dem Gespräch sollten neben dem Reedereivertreter und dem Kapitän nur der Sprecher der Streikenden, also Acain, und Gelberg teilnehmen. Der Reeder fasste das Gespräch zusammen:

„We are going to settle the problem."

Danach sprach Gelberg nochmals mit dem Kapitän. Er verdeutlichte, dass er Montag um 11.00 Uhr Bargeld auf den Tisch legen müsse. Wenn nicht, so würde das Schiff spätestens um 12.00 Uhr arretiert. Der Antrag sei bereits vorbereitet.

Der Kapitän erwiderte: „That's normal."

Natürlich würde Bargeld mitgebracht werden. Was denn sonst? Aber nun müsse auch Gelberg dafür Sorge tragen, dass der Streik beendet würde, denn der sei bekanntlich illegal.

Gelberg zuckte nur mit den Achseln. Er war nicht Sprecher der Streikenden, sondern nur Anwalt. Das sei das Problem der Reederei. Je schneller die Forderung erfüllt werde, um so schneller würde sicher die Arbeit wieder aufgenommen werden. Offenbar sei da einiges schon seit längerer Zeit schiefgelaufen. Und dann ergänzte Gelberg ebenso müde und lässig wie der Kapitän zuvor:

„Ich werde sehen, was sich da machen lässt. Ich werde mit den Leuten noch mal reden."

Dann ging er.

Unten angekommen, wurde der weitere Zeitplan besprochen. Natürlich dachte niemand an einen Abbruch des Streiks. Gelberg erteilte auch keinen diesbezüglichen Rat. Alles war weiterhin auf das Etappenziel Montag, 11.00 Uhr ausgerichtet. Gelberg setzte sich nochmals mit der ITF in Verbindung. Da es ja jetzt einen Streik gab, stand die Frage: Solidarität – ja oder nein? Doch es half nichts. Nach ihrer Sünde, zum Rechtsanwalt gegangen zu sein, ohne sich mit dem gewerkschaftlichen Ratschlag zu begnügen, hatten die Filipinos auch noch die Sünde begangen, in einen Streik zu treten, ohne dafür den zuständigen ITF-Sekretär zu befragen. Er ließe sich nicht unter Druck setzen, meinte der Sekretär. Schon gar nicht auf eine solche Weise. Gelberg schilderte die Lage an Bord. Der ITF-Sekretär meinte: Griechische Kapitäne behandelten die Filipinos wie Hunde. Da hatte er Recht. Doch das wusste Gelberg inzwischen selbst und Erkenntnisse dieser Art halfen nicht weiter. Ein letzter Anlauf. Die Antwort: nein. So ginge es nicht. Da könne er nichts machen.

Er wollte nicht und Gelberg hatte keine Zeit, über die Frage nachzudenken, warum nicht. Jeder, der einen Streik einmal organisiert hat, weiß, dass man nicht mittendrin abbrechen kann. Von seinem Misserfolg berichtete er den Filipinos nichts.

Am Sonntag erhielt Gelberg einen überraschenden Anruf. Auf dem Schiff sei der philippinische Agent eingetroffen und er schleiche überall herum und versuche, die Filipinos zu verunsichern. Gelberg forderte Acain eindringlich auf, sich nicht verunsichern zu lassen, mit dem Agenten nicht zu sprechen und jeden Einzelkontakt zu verhindern. Acain erwiderte, er habe es bereits getan. Man fühle sich auch nicht verunsichert, sondern stünde nach wie vor zur Sache.

„We have go-signal", fügte er noch hinzu.

Unter diesen Umständen hielt Gelberg es nicht für erforderlich, noch einmal auf das Schiff zu fahren.

Am Montag, gleich gegen 8.00 Uhr, rief Acain erneut an. Ob Gelberg nicht noch einmal auf das Schiff kommen könne. Es ginge um den philippinischen Agenten.

Gelberg fragte, ob sich denn irgendwelche Dinge seit Sonntag ereignet hätten. Nein, das nicht gerade, aber vielleicht wäre es doch besser, wenn er käme.

Doch Gelberg konnte nicht. Wegen anderer Termine hatte er sich ganz auf das Etappenziel Montag, 11.00 Uhr, eingestellt. Bis dahin möge auch Acain aushalten.

„Okay", sagte Acain.

Noch wusste Gelberg nicht, dass er die Stimme Acains zum letzten Mal gehört hatte. Noch glaubte er an das Etappenziel 11.00 Uhr. Das war nicht sehr viel, aber es erschien ihm selbstverständlich. Um 11.00 Uhr jedoch erschien niemand bei Gelberg. Um 11.30 Uhr erreichte ihn ein Anruf. Es war der Reeder, der angeblich noch bei Blohm & Voss sei und dessen Taxe sich verspätet habe. Um 11.45 Uhr werde man da sein.

Die Sache kam Gelberg merkwürdig vor. Zwei Mitarbeiter fuhren sofort zur Werft, um nach dem Rechten zu schauen. Noch bevor sie zurückrufen konnten, trafen der Reeder und sein Inspektor und der philippinische Agent in seinem Büro ein. Acain war nicht dabei. Warum nicht?

Mit großen Gebärden, so als sei nichts geschehen, versuchten die beiden Griechen zunächst sich für den „trouble", den ihm die philippinischen Besatzungsmitglieder bereitet hätten, bei Gelberg zu entschuldigen. Natürlich wollten sie auch für seine Unkosten aufkommen.

Für was?

Für seine Unkosten, vielleicht eine saftige Gebühr.

Gelberg war sprachlos. Wo war Acain? Was gab diesen Herrschaften die Gewissheit, es nur noch mit ihm, nicht aber mehr mit zwölf Besatzungsmitgliedern zu tun zu haben? Irgendetwas musste geschehen sein. Außer sich vor Wut brüllte Gelberg die drei an: Sie hätten abgemacht, sich um 11.00 Uhr zu treffen, und zwar im Beisein des Sprechers der Streikenden sowie mit dem Ziel, die berechtigten Heuerforderungen im Einzelnen zu erfüllen. Dafür solle sogar Geld mitgebracht werden.

Trotz seiner Lautstärke schien Gelberg nicht verständlich geworden zu sein. Man habe ja Geld mitgenommen, auch Bargeld.

Man sei auch bereit, alles zu bezahlen.

Ja, was zum Teufel denn?

Und dann war sie wieder da: die unverhohlene und anmaßende beleidigende Bestechung. Man wollte bezahlen, aber nur Gelberg. Für einen kleinen Verrat an billigen Seeleuten. Das war Gelberg zuviel. Er klärte, er sei von allen Besatzungsmitgliedern bevollmächtigt. Die Vollmachtsurkunden könne man einsehen. Jetzt werde der Arrest beantragt werden. Das Gespräch sei zu Ende.

Doch Gelberg hatte sich getäuscht. Das Gespräch war nicht zu Ende. Der philippinische Menschenhändler hatte ganze Arbeit geleistet. Er präsentierte zwölf Verzichtserklärungen der Besatzungsmitglieder. Eine Unterschrift war offensichtlich gefälscht. Es war die von Acain. Die anderen Unterschriften mögen echt gewesen sein. Die Erklärung war ein von dem Agenten aufgesetzter Brief an Gelberg, in dem für dessen Arbeit gedankt wurde und im Übrigen die Mitteilung enthalten war, es sei jetzt alles in bester Ordnung.

Gelberg schwamm es vor den Augen. Wut und Verzweiflung kamen in ihm hoch. Er fragte: „Wo ist Acain?"

Keine Antwort.

Er wiederholte die Frage zum letzten Mal: „Wo ist Acain?"

Sie antworteten, sie wüssten es nicht. Wahrscheinlich sei er an Bord. Sie logen. Sie logen so unverschämt, dass Gelberg in seinem eigenen Büro sich fast vergessen hätte. Er warf sie hinaus. Die drei Gentlemen aus Piräus und Manila. Doch noch im Hinauswurf überreichte der Reeder aus Piräus die Visitenkarte seines Hotels: „I am sure you will get into contact", rief er noch. Dann fiel die Tür ins Schloss.

Kurze Zeit später kam der erste Anruf von der Werft: Von den Besatzungsmitgliedern wolle niemand mit Gelbergs Leuten sprechen, irgendwas sei vorgefallen. Gelberg berichtete, dass Acain nicht gekommen sei, etwas stimme nicht. Angeblich hätten alle Verzichtserklärungen unterzeichnet. Sie sollten noch mal sofort auf das Schiff gehen und fragen, wo Acain sei, und was es mit den Erklärungen auf sich habe.

Wenig später kam der zweite Anruf: Die Besatzungsmitglieder meinten, Acain sei mit den drei anderen zu Gelberg gefahren. Wo er sich jetzt aufhalte, wisse niemand. Und die Verzichtserklärungen? Niemand habe sich dazu äußern wollen. Auch ein zweiter Versuch, mit den Leuten noch einmal ins Gespräch zu kommen, scheiterte.

Acain kam nicht.

Fest steht, dass er mit den drei Gentlemen von Bord gegangen war. Fest steht auch, dass sich das Taxi der drei Gentleman nicht verspätet hatte. Fest steht auch, dass Acain nicht bei Gelberg eintraf und dass die drei Gentlemen handfest gelogen hatten. Acain war nach Manila gebracht worden.

Seine Unterschrift auf der Verzichtserklärung war gefälscht. Man hatte ihn nicht unter Druck setzen können. Gewalt musste im Spiel gewesen sein. Gewalt am helllichten Tag Anfang der 1980er Jahre. Ein Mensch war verschleppt worden. Eine Art Seemannsraub.

Gelberg verständigte die Wasserschutzpolizei. Sie ging an Bord. Doch sie fand nichts. Es passierte nichts weiter. Das Schiff lief wenige Tage später aus. Als das Dock geflutet wurde, stand Gelberg mit seinem damals noch nicht drei Jahre alten Sohn auf der anderen Seite des Hafenbeckens und erklärte ihm, wie ein Dock geflutet würde. Mehr konnte er nicht erklären.

Gut drei Wochen später stellte die Gewerkschaft ÖTV auf einer Pressekonferenz im Ratsweinkeller der Hansestadt Hamburg vor geladenen Gästen ihr neues schifffahrtspolitisches Programm vor. Bei einer Hafenrundfahrt erhielten die Journalisten Gelegenheit, die Zustände auf Billig-Flaggen-Schiffen selbst kennenzulernen. Die Journalisten betraten ein unter der Flagge Panamas fahrendes Schiff, auf dem asiatische Seeleute mit Unterstützung der ITF um ihre Heuer kämpften. Die Journalisten waren beeindruckt.

Doch von billigen Schiffen, die angeblich keine „billige Flagge" führen, und von Besatzungen, die ohne die ITF kämpfen müssen, wussten sie nichts.

Als Gelberg am nächsten Tag mit seinem griechischen Freund die Berichte darüber in der Zeitung las, hielt er den Antrag auf Arrestierung des Schiffes „Poseidon", der sie und die Seeleute „vor Gericht" hätte bringen sollen, in den Händen und begann, die Blätter des Antrags einzeln in den Papierkorb zu werfen, wobei er feststellte: Es gibt doch immer wieder Leute, die Geschichten nur deshalb glauben, weil sie es nicht besser wissen ...

Ein Oldenburger Richter und die billigen Filipinos

„Sehen Sie zu, wie Sie das machen! Ja. Wie bitte? Nein. Ich habe doch gesagt: Wie Sie das machen, ist mir egal. Die sind mir zu aufmüpfig. Wir nehmen andere. Ich habe schon mit Mr. Kidam gesprochen. Ja. Genau der. Sitzt jetzt in Kalkutta. Managt das von da aus. – Wie bitte? Ja. Wir nehmen dann Bangladeshis. Haben Sie mich verstanden?“

Seine letzte Frage hatte Inspektor K eigentlich nur als Ausruf gemeint. Er hatte keine Lust, noch weitere Fragen zu stellen. Der Angerufene sollte verstehen. Und er sollte es umsetzen. Es war ein Kapitän. K war Inspektor der Reederei „Weser“ mit Sitz in Elsfleth.

Er stand jetzt neben dem Schreibtisch des Offices direkt an der Weser. Aus dem Fenster konnte er den Schiffsverkehr von und nach Bremen beobachten. Doch ihm stand nicht der Sinn nach einer schönen Aussicht.

Dieser Kapitän W. ist einfach nicht zu fassen.

So dachte K. laut nach.

Der hat eine viel zu lange Leitung. Und dann immer so umständlich. Mein Gott! Der musste doch bloß rechnen. Dann hätte er gewusst, dass sich so was nicht lohnt. Filipinos! Ja. Die waren mal billig. Jedenfalls, solange sie auf Schiffen ausländischer Flagge fuhren. Noch vor zwei Monaten hatte die Reederei die MS „Hunte“ unter Panama-Flagge fahren lassen. Aber dann kam diese Internationale Transportarbeiterföderation namens ITF und legte das Schiff in Singapur fest. Nichts ging mehr. Und diese philippinischen Seeleute streikten. Fast einhunderttausend Deutsche Mark hatte die Reederei nachzahlen müssen. Und das alles nur, weil man irgendwann einmal diesen komischen ITF-Vertrag unterzeichnet hatte.

ITF! Vertrag!

Der Rechtsanwalt Lindenmann vom Verband hatte K. damals ausdrücklich erklärt, dieser Vertrag sei gar kein Vertrag. Jedenfalls sei er nicht vollziehbar. Rechtlich sei er ein „Nullum“.

Gut. Nullum. Was immer das auch tatsächlich heißen sollte. Aber die ITF handelte nicht danach. Und Nullen hatte die Reederin schließlich jede Menge hinblättern müssen. Sehr viele Nullen. Und alles wegen dieser undankbaren Filipinos. Die konnten doch eigentlich froh sein, überhaupt auf einem der Schiffe der Reederei zu arbeiten.

Gut. Offiziell gehörten die Schiffe einer Briefkastenfirma auf Malta. Aber den Briefkasten hatte man von Elsfleth aus durchaus im Griff.

K. setzte sich an den Schreibtisch und überlegte kurz, was noch zu tun sei. Er rief nochmals Lindenmann beim Verband an. Der Verband saß in Hamburg. Hamburg war schon immer das Zentrum der großen deutschen Reedereien gewesen. So kleine Reedereien wie ihre eigenen in Elsfleth nahm man nur selten zur Kenntnis. Das war auch der Grund, weshalb man schließlich durchsetzte, dass der Verband seine Tarifeigenschaft verlieren sollte. Mitglied im Verband und dann automatisch Tarifverträge für Seeleute? Nein. Das wollte auch die Reederei „Weser" nicht. Der „Alte", so hieß der Komplementär und Geschäftsführer, hatte die Nase voll von Tarifverträgen gehabt. Als dann schließlich eine Tarifgemeinschaft gegründet wurde, die wieder mal mit der Seeleutegewerkschaft einen Tarifvertrag abgeschlossen hatte, war die „Weser" außen vor geblieben. Die meisten Schiffe waren längst unter ausländischer Flagge verbracht worden: Panama, Liberia. Aber wie sich zeigte, war das auch nicht unbedingt die beste Lösung.

Was war die beste Lösung? Man musste sparen. Und sparen musste man vor allem an den Seeleuten. Die verursachten immer wieder völlig unberechenbare Kosten. Lindenmann hatte da so eine Idee gehabt. War die wirklich tragbar? K. wollte auf Nummer Sicher gehen.

„Herr Lindenmann? Sind Sie am Apparat?"
Rechtsanwalt Lindenmann, der in der Verbandszentrale in der alten Prachtstraße in Hamburg-Altona, der Palmaille, saß, bejahte die Frage.

„Was gibt's, Herr K.? Scheint in Elsfleth auch die Sonne?"

K. hasste diese dummen Fragen. Sonne auch in Elsfleth. Was sollte das. Es war doch immer das Gleiche mit den Leuten aus Hamburg. Alles, was ein bisschen weiter westlich lag, war für die „Ostfriesland". Warum nicht auch gleich Bremen zur Hauptstadt von Ostfriesland erklären? Den Hamburgern würde er das zutrauen. Aber er konnte diesen kleinen regionalen und lokalen Arroganzen nicht länger nachhängen. Das Telefonat war zu wichtig. Und so kam er gleich zur Sache: „Also, ich meine das Thema Umflaggung. Sie wissen ja, wir sind nicht in der Tarifgemeinschaft. Und Sie hatten damals gesagt, dass unsere Filipinos keinen Anspruch auf die Tarifheuer haben. Und wenn wir wieder unter deutscher Flagge fahren, ist die ITF außen vor. Das hatten Sie gesagt."

„Ja, das stimmt."

„Ich wollte mich noch mal vergewissern."

„Ja, ganz recht. Ich hatte aber auch gesagt, es gibt eine Ausnahme."

„Welche?"

„Ja, wenn die Seeleute in die ÖTV eintreten, also die Seeleutegewerkschaft. Dann haben Sie einen Anspruch auf die Tarifheuer."

„Das ist unwahrscheinlich. Wir haben die ja über die Agentur in Manila bekommen. Und da war von vornherein Bedingung, dass die nicht der Seeleutegewerkschaft beitreten. Außerdem hat die Agentur einen ganz geschickten ‚Runner'."

„Ach, Sie meinen Dante?"

„Ja ganz recht. Ich denke, der hat die im Griff. Wer in die Gewerkschaft eintritt, kann bei ihm gleich das Rückflugticket abholen. Außerdem sind die ja noch nicht so lange bei uns. Haben die überhaupt eine Aufenthaltserlaubnis?"

„Nach gegenwärtiger Rechtslage sind die Seeleute nicht aufenthaltserlaubsnispflichtig. Der Aufenthalt ist nur solange legal, solange das Seefahrtsbuch gültig ist und der Heuervertrag wirksam ist."

„Na ja, dann ist es ja gut."

„Was haben Sie jetzt konkret vor?"

„Wir werden die ‚Hunte‘ zurückflaggen. Und dann zahlen wir Heuer nach unserem eigenen Tarif. Ich habe mich erkundigt, was die auf den Philippinen auf den Schiffen verdienen. Das ist bei uns allemal mehr.“

„Na hoffentlich geht das gut.“

„Es muss gut gehen. Jedenfalls sind wir dann die ITF vom Hals.“

„Ja, das sind Sie. Davon können Sie ausgehen. Außerdem glaube ich nicht, dass die ÖTV in Elsfleth großartig etwas unternimmt.“

K. dachte: Schon wieder diese regionale Arroganz. Was hatte das Schiff mit Elsfleth zu tun? Nach Elsfleth kam es ohnehin nicht. Wenn es überhaupt nach Deutschland kam, so fuhr es Bremerhaven oder Hamburg an. Aber K. hatte jetzt genug gesprochen und verabschiedete sich höflich von Lindenmann.

Der schwarze Peter lag jetzt beim Kapitän W. W. lag mit dem Schiff, das Edelhölzer in Indien und Ostafrika zugeladen hatte, in Djibouti. Am Horn von Afrika. Sie hatten in Djibouti bunkern müssen. Da war das Öl billiger. Der Inspektor in Elsfleth hatte wieder mal darauf bestanden. Mit dem letzten Tropfen Dieselöl waren sie gerade noch in Djibouti angekommen. Nun lag das Schiff im Hafen unter der brennenden und erbarmungslosen Sonne Ostafrikas. Der Auftrag der Reederei war klar. Er sollte die Filipinos sämtlich von Bord schicken. Und zwar möglichst rasch. K. hatte schon in Indien erreicht, dass das Schiff wieder die deutsche Flagge fuhr. Die Filipinos hatten sich noch gewundert und geglaubt, dass sie sich nun in Deutschland aufhalten würden. Ein Teil von ihnen schien fest entschlossen, nach der Reise in Hamburg zu bleiben. Natürlich ahnte keiner von ihnen, dass sie nur noch einige Wochen auf dem Schiff bleiben würden. Schließlich wurden aus den Wochen dann aber doch einige Monate. Die Fahrt verzögerte sich. Ladung blieb aus. Mehrfach mussten die Routen geändert werden. Auch jetzt wartete auf der Pier schon die Ersatzmannschaft, die aus Bangladesh eingeflogen worden war.

W. dachte noch: Ob die wirklich billiger sind? Vielleicht. Aber sind sie auch so fleißig und so clever wie die Filipinos?

W. hatte mit den Filipinos keine schlechte Erfahrungen gemacht. Die Filipinos waren Seefahrer. In keiner anderen Stadt der Welt gab es so viele Seefahrtschulen wie in Manila. W. war selber mehrfach dort gewesen. Weniger der Seeleute wegen, wohl aber weil er dort eine Freundin hatte. Aber das war ein anderes Kapitel. Und sie fuhren jetzt nicht mehr in das Archipel am chinesischen Meer.

W. hatte von K. den Befehl erhalten, Filipinos von Bord zu schicken. Er wusste, dass einige sowieso auf die Philippinen zurückwollten. Andere in die USA, wo sie Verwandte hatten. Aber wegen der Umflaggung wollten sechs Seeleute unbedingt nach Deutschland. Irgendjemand hatte ihnen erzählt, mit der Umflaggung hätten sie jetzt ein Aufenthaltsrecht in Deutschland. Einige hatten wohl auch Verwandte in Hamburg. Wie er die Leute loswerden würde, war K. egal. Das hatte er ausdrücklich am Telefon gesagt. W. machte sich noch einige Gedanken, was wohl der rechtlich sinnvollste Weg sei. Aber er hatte gar keine andere Wahl als schnell zu handeln. Außerdem hatte er angesichts der ziemlich unfreundlichen Befehle des Herrn K. auch keine Lust, sich noch weitere Gedanken im Interesse der Reederei zu machen.

Fristlose Kündigung. Punkt. Soll die Reederei sehen, was sie macht, wenn einer der Seeleute sich wehren sollte. Das kam ja nun doch häufiger vor. Auch wenn die ITF jetzt nicht mehr zuständig war.

Und so kündigte W. den sechs verbliebenen Filipinos schriftlich und außerordentlich das bestehende Heuerverhältnis. Er schickte sie von Bord zum Agenten. Der Agent würde ihnen ein Ticket aushändigen. Mit dem könnten sie dann über Frankfurt nach Hamburg fliegen. So geschah es.

Florentino N., Alfredo G., Jose M., Napoleon D., Benito Z. und Antonio P. trafen einige Tage nach der Abmusterung in Djibouti in Hamburg ein. Im Seemannsheim in der Großen Elbstraße in Hamburg-Altona bezogen sie ihre Zimmer.

Am nächsten Morgen trafen sie Dante. Dante G. galt als Schlitzohr. Er war eigentlich eine Art Zwitter, denn er arbeitete für die Reedereien und Bemannungsagenturen ebenso wie bisweilen für die Seeleute. Letzteres verschuf ihm das notwendige Vertrauen, um ersteren qualifizierte „Ware" zu bieten. Dante hatte beste Kontakte zur Ausländerbehörde. Für jene Fälle, bei denen diese Kontakte nicht mehr ausreichten und es tatsächlich ohne Korruption, aber dafür mit juristischen Argumenten zugehen musste, hatte Dante einen Anwalt ausfindig gemacht. Rechtsanwalt R. war dafür bekannt, dass er sich kompromisslos auf die Seite von Arbeitnehmern schlug. Bei den Reedereien war er nicht gerade beliebt.

Als die sechs Filipinos Dante vortrugen, sie würden gerne eine Aufenthaltserlaubnis in Deutschland beantragen, verwies er sie sofort an Rechtsanwalt R. Er erklärte sich bereit mitzugehen. R. residierte damals noch in der Schlüterstraße in Hamburg-Rotherbaum. Ganz in der Nähe der Universität. Er hatte eigentlich eine Hochschulkarriere vor sich gehabt. Ein ganzes Jahr lang hatte ein Berufungsverfahren um eine sog. C4-Professur gedauert. Er hatte die ganze Zeit über zu den aussichtsreichsten Bewerbern gehört. Aber er hatte Feinde. Darunter vor allem einen angeblichen „Freund", Dr. Udo M. M. intrigierte gegen R. so viel und so gut er konnte. Und er war schließlich erfolgreich, denn R. verzichtete auf die Fortführung des Berufungsverfahrens und ließ sich in seiner damals noch großen Altbauwohnung in der Schlüterstraße als Anwalt nieder. Zu seinen ersten Klienten gehörten philippinische Seeleute.

Die besonderen Nöte dieser „Billig-Seeleute" waren ihm wohl bekannt. Und nicht immer konnte er helfen. Vor allem dann nicht, wenn es sich um Schiffe sogenannter Billig-Flaggen handelte und die Reeder sich nur durch Agenten vertreten ließen, aber irgendwo in der Karibik oder in Liechtenstein einen Briefkasten hatten. In solchen Fällen half es manchmal, einfach ein Schiff zu arretieren oder an die Kette zu legen. Aber dann mussten die Seeleute direkt mit dem Schiff nach Hamburg kommen. Und das war nur selten der Fall.

Dante G. begrüßte R. in seiner nicht gerade graziösen Art. Von seinen Freunden wurde er in seiner Abwesenheit „the bulldog" genannt. Und tatsächlich hatten sein Auftreten und seine

Aussprache etwas Gemeinsames mit dieser Hunderasse. Wenn er äußerlich auch nicht unbedingt als sympathisch erschien, so genoss er doch das Vertrauen seiner Landsleute. Und trotz aller Robustheit konnte Dante das, was die Filipinos am meisten liebten: Von früh bis spät Witze erzählen, Späße machen und seine Gesprächspartner zum Lachen zu bringen, ohne selbst auch nur ein einziges Mal zu lachen. Insoweit war er wiederum einer Bulldogge sehr unähnlich. Vor allem aber kam Dante stets schnell zur Sache. Langes Herumreden kannte er nicht. Und auch seine Witze waren nach Art einer sparsamen Ökonomie in sein Geschäft eingebaut. Natürlich verdiente Dante an seinem Engagement. Wie viel und wie oft, das wusste niemand. Er war Kreditgeber, Sorgentelefon, Feuerwehr und Vermittler in einem. Kein Seemannspastor, kein Gewerkschafter und kein Sozialarbeiter hatten ein solches Beziehungsgeflecht zur Verfügung, wie Dante es hatte.

Zu diesem Geflecht gehörte Anwalt R. R. hatte gar keine andere Wahl, als den Kontakt zu Dante aufrecht zu erhalten. Er wusste von den vielen Beschäftigungen, denen Dante nachging. Er hatte schon überlegt, an ihm vorbei mit seinen Klienten zu kommunizieren. Aber es funktionierte nicht.

Nein, Attorney, please contact Dante!
So hieß es dann. Dante war ihr Onkel, Großvater, Bruder und Freund. R. hatte nicht zu entscheiden, ob dies gerecht und richtig war. Die Filipinos hatten ihre Gründe und R. wollte ihnen helfen. Welchen Umgang sie pflegten, wen sie als Mittler einschalteten. Das alles war nicht sein Job.

„Doc!"
Dante sprach als einziger Anwalt R. nicht mit dem Respekt heischenden „Attorney" an, sondern nannte ihn einfach Doc. Das hob ihn aus der Gruppe der anderen heraus und hatte den Anschein einer gewissen Vertrautheit.

„My countrymen want to stay here. Can you help them?"
R. stellte in englischer Sprache eine Reihe von Gegenfragen. Ob sie einen gültigen Heuervertrag hätten, welche Flagge ihr Schiff führe, was sie verdienen würden.

„They have no more contract."

„Das ist schlecht. Ganz schlecht. Solange sie Seeleute sind, können wir etwas versuchen. Aber arbeitslose Seeleute sind keine Seeleute mehr. Jedenfalls nicht im Sinne des Gesetzes."

So dozierte er, obwohl er wusste, dass die Anwesenden nicht alles verstehen würden. Trotz der englischen Sprache. „Seit wann sind sie denn arbeitslos?", wollte er wissen.

„Noch nicht lange. Sie wurden gekündigt. In Djibouti."

„Wie lange sind Sie in Hamburg bzw. in Deutschland?"

„Seit gestern."

„Aha."

„Deutsche Flagge! "

„Ja."

„Na, dann zeigen Sie mal die Heuerscheine und die Kündigungen."

Dante hatte an alles gedacht. Wie immer. Auch deshalb war die Zusammenarbeit mit ihm immer effektiv. Langatmige Entschuldigungen halfen ohnehin nie. Waren aber sehr beliebt bei den Klienten. Nicht nur bei den Filipinos.

„I am very sorry. I am so sorry. I have forgotten. May be I can come tomorrow."

So etwa hieß es, wenn man nicht weiterkam. Das förderte nicht gerade die präzise Kommunikation zwischen Anwalt und Mandant. Dante aber war Geschäftsmann. Die Zeit lief für ihn auch dann, wenn seine Klienten unbestimmten Landurlaub hatten.

R. begann zu lesen. Alle Dokumente waren in englischer Sprache abgefasst. Die Heuer wurde in US-Dollar bezahlt. Auf einem deutschen Schiff? Als „Employer" fungierte wieder mal eine Partenreederei. Eine an das einzelne Schiff gebundene Eigentümergemeinschaft, deren Konstruktion noch aus den Zeiten der Hanse stammte.

Heutzutage sind die Parten allerdings keine Kaufleute mehr, sondern Zahnärzte.

R. erläuterte, den Finger auf den Text haltend, den Begriff seiner Referendarin Melanie P..

„Aha."

Die Filipinos hatten nichts verstanden. Dante wurde schon etwas unruhig. Waren sie hier vielleicht Lehrmaterial? Nun ja, so dachte er, Attorney R. wird seine Gründe haben.

Normalerweise versteckt sich der angebliche Agent gerne hinter solchen Partenreedereien, um nicht selbst zu haften. „Moment – hier steht es: ,Represented by'. Unser Reeder spielt Agent. Mal sehen, wie es weitergeht. – Aha, hier: ,The employer shall be employed on board of Motor Vessel Hunte or any other vessel of the Company'. Da haben wir's!"
R. triumphierte. Melanie verstand nichts. Die Filipinos schauten nur zu. „Any problem"?

Sie zuckten etwas zusammen, waren aber wieder beruhigt, als sie das strahlende Gesicht von R. sahen. Dann dachten sie wieder: Warum aber strahlt er denn so?

Überhaupt war er anders als die Anwälte in ihrer eigenen Heimat. Die waren stets herrisch. Meist unnahbar. Sie hatten immer einen Befehlston. Gegenüber Leuten wie ihnen sowieso. Aber auch gegenüber ihrem Personal. Da gab es kein „Welcome" oder „Please". Nein: „Do it!", „Go now!" und dergleichen. Die Art, wie er mit diesem Mädchen sprach – sie meinten Melanie – ließ sie vermuten, es sei so etwas wie seine Geliebte. Aber die versteckte man doch als Anwalt, oder? R. gab ihnen Rätsel auf, noch bevor er sein Wort an sie gerichtet hatte.

„Ist doch ganz klar!"
R. unterbrach die Stille und das fragende Gesicht der blonden Melanie an seiner Seite.

„Wie kann eine Partenreederei noch ein anderes Schiff haben, ja sogar mehrere andere Schiffe? Any other Vessel? Eine Partenreederei i s t ein Schiff. Also?"

„Ach so, ja. Also Du meinst . . ."
Sie duzten sich. Das war schon ungewöhnlich. Aber den Filipinos, die ja allenfalls Englisch sprachen und ein „Sie" gar nicht kannten, fiel nichts auf.

„Also . . .", wiederholte Melanie und nahm einen neuen Anlauf, „dann kann der Reeder nur der Agent sein, denn nur er verfügt über andere Schiffe?"

„Richtig. Und dann hier: Unten fehlt jeder Hinweis auf eine Vertretung. Hier ist der Stempel der Reederei. Sie nennt sich zwar Agent, ist aber der Reeder. Also . . .“

R. machte eine Pause und schaute nun seine Besucher an.

„Wir wissen jetzt, an wen wir uns zu halten haben. Das ist das Wichtigste, bevor wir eine Klage erheben.“

Melanie mischte sich wieder ein. Dieses schöne junge Ding. Was ergriff sie hier das Wort? So dachten die Besucher. Aber R. war begeistert. Er hatte Melanie angestiftet, sich einzumischen. Und er liebte es, wenn junge Menschen begannen zu wachsen. Oder liebte er es nur an Melanie? R. war schwer einzuschätzen. Das stand für die Filipinos fest. Aber eigentlich ging sie das ja alles nichts an.

„Hier: 171,60 US-Dollar im Monat. Ein Dollar für die Überstunde. Das gibt's doch gar nicht! Das ist ja sittenwidrig!“

Melanie benutzte einen Begriff, der aus ihrem Mund besonders exotisch daher kam. Doch wozu hatte sie fünf Jahre an der Universität dieses trockene BGB gepaukt, wenn sie es nicht auch anwenden sollte? Ihre Augen leuchteten ein wenig. Aber sie strahlte nicht die Besucher an, sondern R.

„Ganz richtig. Darum wird es gehen.“

Und so, als habe sie die richtige Spur erkannt, versuchte Melanie ihrem Meister etwas vorzufühlen, indem sie ausrief: „Na bitte, hier!“

„Was?“

„Hier: § 5. The employee is obligated to fulfill all German maritime laws which rules on board the ship.“

„Ja, schon.“

R. unterbrach sie.

Aber Employee ist der Angestellte, hier der Seemann. Nicht der Arbeitgeber. Der ganze Vertrag ist natürlich ein schlechter Witz. Aber vielleicht können wir es als weiteres Indiz für die Zugrundelegung deutschen Rechts nehmen. Du darfst nicht vergessen: Diese 171 Dollar sind viel weniger als das, was ein Matrose hier verdient. Aber sie sind auch weitaus mehr als das, was ein Matrose auf den Philippinen verdient.

R. hatte in Metro-Manila einmal das riesige Gebäude der Overseas Employment Administration in Mandaluyong besucht. Er wusste um die Bedeutung der Remittances für die philippinische Volkswirtschaft und er wusste auch, dass jeder Cent, den die Seeleute im westlichen Ausland „zu viel" erhielten, später bei den Familien wieder abkassiert würde. Diese gewaltige Bürokratie war wie ein Blutsauger an diesen Menschen, denen ohnehin nur wenig von dem blieb, was sie verdienten. Zu Hause in den Squatters von Tondo oder auf dem Lande am Pinatubo oder beim Mayon Vulcano warteten viele hungrige Mäuler der Großfamilie. Die Filipinos hatten keinen Begriff für „Single" und erst recht nicht für „Kleinfamilie". Ihre Familie war immer ein ganzes Dorf. Auch wenn das Dorf mitten in Manila oder in Cebu lag.

„Meine Herren, Sie wollen eine Aufenthaltserlaubnis für Deutschland. Seeleute brauchen keine Aufenthaltserlaubnis. Aber sie brauchen ein Heuerverhältnis. Wir müssen also gegen die Kündigungen, die Sie bekommen haben, klagen. Dazu kommen wir gleich. Aber was noch wichtiger ist: Die Heuer, die man Ihnen gezahlt hat, verstößt vermutlich gegen deutsches Recht."

„Yes, Sir. It is no ÖTV-salary."

So warf Florentino N. ein. Aber er lag falsch.

„Darum geht es nicht."

R. belehrte die Seeleute.

„Einen tariflichen Anspruch hätten Sie nur, wenn der Reeder Mitglied des Verbandes ist und Sie Mitglied der ÖTV sind. Einen direkten Anspruch auf Tarifheuer haben Sie also nicht. Aber vielleicht gelingt es uns auf einem Umweg. Die Heuer ist so niedrig, dass sie gegen ein staatliches Gesetz verstößt. Dann ist sie unwirksam und das Gericht muss eine faire Heuer neu festsetzen."

R. drückte sich juristisch nicht ganz korrekt aus, aber es galt, sich diesen Menschen gegenüber verständlich zu machen.

Sie kamen nun zu den Kündigungen. Die waren unterschiedlich begründet worden. Es stellte sich bald heraus: Unterschiedlich falsch. Immer wieder tauchte das Szenario einer angeblichen Bedrohung des chinesischen Bootsmannes Li durch einige der Besatzungsmitglieder auf. Selbst wenn es vorgekommen sein sollte: Es hatte an Bord dieser Schiffe System, als Bootsleute Angehörige anderer Nationalitäten einzusetzen. Distanz schuf Autorität. Autorität vertrug keine Verbrüderung. Das war die „Philosophie" dieser Art von Reeder. Und doch konnte für diese Art von Konflikten Rassismus als Ursache nicht in Betracht kommen. Es gab genügend ethnische Chinesen auf den Philippinen. Genügend? Es war eigentlich eine sehr große Gruppe in der Bevölkerung. Aber sie hießen eben nicht Li, sondern Navalta, Rodriguez oder Redondo. Auch sie waren der Hispanisierung der ehemaligen Kolonialherren unterworfen gewesen. Dieser aber hieß Li und kam aus Taiwan. Und er sollte mit einem Messer bedroht worden sein.

R. ging ans Werk. Er wollte zunächst den Standortvorteil Hamburg ausnutzen. War das ein Vorteil? Im Heuertarifvertrag war das Arbeitsgericht Hamburg als alleiniges Gericht vereinbart. Aber für dieses Schiff und diese Reederei galt dieser Tarifvertrag nicht.

Trotzdem: Die Richter in den beiden Seefahrtskammern kennen sich besser aus mit der Seeschifffahrt. Außerdem wird Lindenmann vom Verband auch nicht nach Oldenburg fahren wollen.

Oldenburg? Wieso Oldenburg?

Die kleine blonde Melanie musste plötzlich an ihre Tante Luisa in Oldenburg denken, die sie schon lange nicht mehr besucht hatte.

„Ja, denk mal nach. Norddeutsche Heimatkunde! „

„Heimat? Ich komme aus Hamburg."

So antwortete Melanie. Und zwar so, als sei damit eigentlich alles gesagt. Hamburg. Und Punkt. Und sie setzte noch etwas drauf, obwohl – oder weil? – sie wusste, dass R. sich ärgern würde: „Oldenburg? Liegt das nicht in Ostfriesland?"

R. blieb erstaunlicherweise ganz ruhig und gab höflich, aber doch spitz zurück: „Nein, Frau Referendarin aus Hamburg. Oldenburg liegt in Oldenburg. Nämlich auf dem Territorium des Alten Herzogtums. Zu Ostfriesland haben die nie gehört. Das Herzogtum wurde im Osten übrigens immer begrenzt durch die Weser. Und da liegt Elsfleth."

„Und das gehört zum Gerichtsbezirk?"

„Ja, und da ist der Sitz dieser komischen Reederei. Oldenburg ist der eigentliche Gerichtsort.“

„Na schön, auch wenn die Ostfriesen, ääh, ich meine die Oldenburger, mal Seefahrer waren, also ich meine von der Weser aus. Aber dann doch im Ernst: Wer in Oldenburg kennt das Seemannsgesetz? Unter den Richtern?“

„Ja, gut. Du hast Recht. Deswegen versuchen wir es in Hamburg.“

So geschah es. Melanie arbeitete hart an einer Klage. Sittenwidrigkeit. Ein Lohn weit unter dem Existenzminimum. Menschenwürde. Ein Mindesteinkommen gab es ja in Deutschland nicht. Wohl aber Statistiken. Wie viel braucht der Mensch zum Leben? Der Mensch. Und der Seemann? Und dann: das Missverhältnis von Leistung und Gegenleistung. War das offensichtlich gegeben? Bei 171 Dollar und einer 54-Stunden-Woche nach dem deutschen Seemannsgesetz? Melanie entschied: Ja. Und R. war einverstanden.

Aber konnten sie sich wirklich sicher sein? Bei den Hamburger Richtern? Hatten die einen solchen Fall schon einmal entschieden?

Nein. Sie hatten nicht. Jedenfalls nicht zur Seeschifffahrt und nicht im Falle philippinischer Seeleute.

Und die Gewerkschaft? Die hatten die sechs aufgesucht, noch bevor sie zu R. gekommen waren. Und der dortige Kollege hatte gesagt: „Nee, solange ihr nicht Mitglied seid, kann man nichts machen. Und selbst wenn: Ihr habt auf einem Schiff angeheuert, für das der Tarifvertrag nicht gilt.“

Die Seeleute hatten das nicht verstanden. Vor allem nicht die Arroganz, mit der ihnen hier jemand begegnete, der doch eigentlich helfen sollte. Eigentlich.

Sie hatten schon dort gespürt, dass ihr Fall irgendwie zwischen den Stühlen lag. Sie sollten später noch merken, warum das so war. Später.

Am Tag der Güteverhandlung war R. plötzlich verhindert. Melanie musste ran. Sie hatte ihren Herrn und Meister schon oft begleitet. Die Akten gelesen. Hinten im Zuschauerraum gesessen und alles genau verfolgt. Sie hatte die Technik der Verhandlungs-führung und manchmal auch der nonverbalen Kommunikation zwischen Richter und Anwälten beobachtet. Doch sie hatte immer noch einen viel zu großen Respekt vor diesen hohen Tieren und sah sich selbst immer noch als die „kleine Referendarin", die zwar ein Staatsexamen hinter sich hatte, aber eben doch noch lernte. R. hatte sie langsam aufgebaut und so traute er ihr vieles zu. R. wusste auch, man musste loslassen können als Lehrer. Sonst wird es nie was. Und er ließ los.

„Du schaffst das schon. Denk immer daran, dass du jetzt gut vorbereitet bist. Schlag sie mit deinen Argumenten."

Gleichwohl wusste R. genau, dass es für Melanie schwer wer-den würde. Aber er sagte sich: Was soll schon viel passieren? Es ist eine Güteverhandlung. Solange sie sich nicht zu einem Vergleich ohne Rücktrittsvorbehalt prügeln lässt, kann nichts passieren. Au-ßerdem war eine der anderen Klagen bei dem anderen Richter anhängig. Und die vier weiteren waren noch nicht rausgegangen. Man konnte ja nicht wissen. Vielleicht doch Oldenburg?

Es wurde schwer. Melanie mühte sich. So gut es ging. Aber es war wie Sisyphus unten am Berg. Immer, wenn sie glaubte, ein gutes Argument gehabt und gebracht zu haben, wurde sie wie-der nach unten verwiesen. Da fing sie dann neu an. Richter und Rechtsanwalt Lindenmann kamen ihr bald wie übermächtige Fa-belwesen aus einer anderen Welt vor. Sie hatten immer neue Ar-gumente parat, mit denen sie wieder nach unten zurückgeworfen wurde. Hauptsache, sie, die kleine Melanie, die unwissende Refe-rendarin, behielt Unrecht.

Schließlich wurde Richter Remler jovial.

„Also, Frau Kollegin . . ."

Das war die Erhebung in den Adelsstand. Eine junge Referen-darin von einem Richter als „Kollegin" tituliert.

„Also, Frau Kollegin. Sie haben sich sehr viel Mühe gegeben. Gewiss. Aber verstehen Sie doch: Diese Leute waren bisher nie in Deutschland. Sie haben hier keinen Wohnsitz. Und sie verdienen offensichtlich das Fünffache dessen, was sie in ihrem Heimatland verdient hätten."

„Das Dreifache." So replizierte Melanie.

„Gut. Von mir aus. Das Dreifache. Also das ist dann immer noch kein Missverhältnis, wie es § 138 BGB verlangt."

„Ja, aber sie fahren auf einem deutschen Schiff. Das ist doch deutsches Territorium, egal, ob sie hier wohnen oder nicht."

Melanie ließ nicht locker. Sie begann zu kämpfen. Oder zumindest zu spüren, was es heißt, nicht aufgeben zu wollen in diesem Ring, in dem zwei Rechtsmonster auf sie einschlugen.

„Ach, junge Frau . . . Herr Lindenmann, wollen Sie noch mal? . . ."

Remler gab den Stab an den Vertreter der Reederei ab. Und der griff ihn auf und setzte wohlwollend belehrend nach: „Die Flagge begründet die Staatszugehörigkeit eines Schiffes. Schiffe sind kein fremdes Territorium. Frau Kollegin, glauben Sie mir: Das ist so."

Nun wurde Richter Remler kühn. Obwohl er wusste, dass da eine kleine Referendarin saß und die Ausbilder die Klage sicherlich nicht ohne Grund erhoben hatten, empfahl er ihr: „Geben Sie sich einen Ruck und nehmen Sie die Klage zurück!"

„Nein!"

So antwortete Melanie jetzt scharf und prompt. Doch das geschah eigentlich nur deshalb, weil sie in diesem Moment ihren Herrn und Meister im Nacken spürte. Der hatte nämlich gesagt: Du kannst alles machen, aber zwei Dinge nicht: Vergleich ohne Rücktritt und Klagrücknahme. Auf gar keinen Fall. Hast Du verstanden? Ja, sie hatte damals verstanden.

Und sie sagte und blieb auch nun beim Nein.

„Hast Du gut gemacht."

Das war die Antwort von R., als sie sich am nächsten Tag wieder im Büro trafen. R. hatte das zwar nicht erwartet. Aber Remler war oft unberechenbar. Er hatte wohl auch die Chance nutzen wollen, dass da eine Referendarin vor ihm saß.

„Du weißt ja, im Regelfall will der Richter kein Urteil schreiben. Wundere Dich nicht über diese Art der Verhandlung. Sie war im höchsten Maße unfair. Doppelt unfair. Dir gegenüber und gegenüber den Betroffenen auch. Aber so läuft es in der Justiz. Das ist leider unser täglich Brot."

Melanie hätte gerne einen Erfolg abgeliefert. Aber sie spürte hier zum ersten Mal: Das war gar nicht eine Sphäre des Diskurses, der Debatte, der gegenseitigen Überzeugung. Es ging um Macht und es wurde getrickst. Das war eine andere Welt als die Schule oder die Universität.

R. nahm sie leicht in den Arm und sagte: „Wir schaffen das. Im zweiten Anlauf."

„Wie denn?"

„Bei Richter Apfel."

„Und?"

„Auf Umwegen."

„Welche Umwege?"

„Über Oldenburg."

„Wie bitte?"

„Ja, über Oldenburg. Wir gehen erst nach Oldenburg mit den anderen vier Klagen. Unterdessen zögern wir die Kammertermine in Hamburg hinaus. Dann überholen wir Hamburg mit Oldenburg."

„Und die Seefahrtskompetenz in Oldenburg? Was ist mit der?"

„Du hast ja gesehen, was die angebliche Kompetenz in Hamburg genutzt hat. Außerdem: Gerade, wenn Richter wenig Kompetenz außerhalb des Juristischen haben, sind sie offener für Argumente. Sie m ü s s e n offen sein. Wir werden also dieses Mal alle unsere Argumente schon in der Klage und dann gleich in der Güteverhandlung bringen. Lindenmann wird es schwer haben."

„Na, wenn das gut geht."

„Es wird schon. Die Hoffnung stirbt zuletzt."

„Dieses Mal setzten R. und Melanie alles auf eine Karte. Sie wussten, dass in der Güteverhandlung nicht entschieden werden konnte. Aber sie wollten dem Richter gar keine Gelegenheit geben, auf andere Gedanken als die ihrer eigenen Argumente zu kommen. Deshalb feilten sie ihre Klage bis ins letzte Detail aus und bereiteten sich auf den Termin intensiv vor."

„Beim Arbeitsgericht Oldenburg."

„Aber nicht in Oldenburg!"

„Wieso denn das?"

„In Brake."

„Wie bitte?"

„Im Unterweserhafen Brake."

„Brake ‚im Oldenburgischen'?"

„Ganz Recht. Aber bitte ohne Ironie. Brake ist einer der Gerichtstage. In Niedersachsen ziehen die Arbeitsgerichte über Land und kommen zu den Leuten. Da die Reederei in Elsfleth ihren Sitz hat, tagt das Gericht in Brake. Das ist näher dran."

„Das klingt ja gut."

„Ja, aber man will das abschaffen. Ich schätze, in zehn Jahren müssten wir dann direkt nach Oldenburg fahren."

„Wenn es dann noch solche Fälle gibt", wandte Melanie ahnungsvoll ein.

„Richtig. Aber jetzt weiter im Text."

Sie erstellten die Klage. Sie wurde beim Arbeitsgericht Oldenburg eingereicht. Nur vier Wochen später stand der Termin fest. Das Arbeitsgericht Oldenburg lud zum Gerichtstag Brake. Es war ein schöner Frühlingsmorgen, als die beiden, dieses Mal begleitet von Florentino N. und Benito Z., in Brake eintrafen. Lindenmann war schon da. An seiner Seite der Chef der Reederei Weser. Den Vorsitz führte der Richter Dr. Graf.

„Passender Name. Für Richter in einem Großherzogtum.", so murmelte R., und zwar so, dass nur Melanie ihn verstehen konnte.

„Obwohl Graf – eigentlich ist das ja fast so wenig wie ein bloßer Edelmann."

„Edel-mann. Ich würde eher sagen: Linden-mann."

Melanie machte ihre Witze. Beide lachten. Die beiden Filipinos aber verstanden nichts. Sie hielten sich ehrfurchtsvoll im Hintergrund. Immer noch staunend über das ziemlich entspannte Verhältnis zwischen Meister und Schülerin.

Why not? Wenn's uns nützt? So dachten sie und nickten den beiden freundlich zu, als sie von R. und Melanie in den Saal gebeten wurden.

Dr. Graf eröffnete die Sitzung.

„Sind Sie direkt aus Hamburg gekommen, Dr. R.?"

„Gewiss, Herr Vorsitzender! „

Der Vorsitzende schien etwas geschmeichelt ob dieses Besuches, obwohl die Reise nach Brake ja auch von Lindenmann zurückgelegt worden war. Aber es schien, als sei R. irgendein Ruf ins Oldenburgische vorausgeeilt. Ein Ruf, der der Wahrheitsfindung durchaus dienen konnte. So dachte jedenfalls R..

„Wenn's uns nutzt. Warum nicht?" Er lächelte kurz Melanie an, die neben ihm saß. Sie lächelte zurück. Aber noch kürzer.

„Also meine Herren, äh, meine Dame, meine Herren." Er nickte Melanie kurz zu. Es scheint Sinn gemacht zu haben, sie dieses Mal nicht in den Zuschauerraum gesetzt zu haben. So dachte R. kurz.

„Also, ich darf noch einmal einsteigen in die Thematik." Er hat sich vorbereitet, so dachte R. Gutes Zeichen. Woll'n wir mal sehen.

„Ja, wir verhandeln hier ja in Brake wenig zum Seetarifvertrag. Aber dann, wenn der nicht gilt, sind wir schon dabei. Aber das wissen Sie ja beide nur zu gut. Ich lasse mal die Frage der Passivlegitimation außen vor (er meinte die Frage, ob die Reederei hätte verklagt werden dürfen oder die Parten-Reederei). Also ich meine, es spricht einiges dafür, dass die ,Weser' tatsächlich als Reeder anzusehen ist. Ich meine natürlich die Reederei Weser, nicht den schönen Fluss da draußen. Dazu haben Sie ja bereits einiges geschrieben, Herr Rechtsanwalt."

Dr. Graf machte eine Pause.

„Aber nun zur Höhe der Heuer. Ja, ich sehe auch, Herr Rechtsanwalt, in den Verträgen wurde das ,German Maritime Law' vereinbart. Aber . . ."

Hier unterbrach Lindenmann den vorsichtigen Versuch einer Einführung in die Thematik durch den Vorsitzenden. Lindenmann hatte offenbar das Gefühl, unbedingt jetzt belehrend einzugreifen, obwohl es an dieser Stelle eigentlich auch für ihn nicht notwendig gewesen wäre.

„Herr Vorsitzender, ,German Maritime Law', das ist doch schlicht das Seemannsgesetz. Nicht mehr. Nicht weniger."

„Moment, Herr Kollege. Also bitte: Es ist vom gesamten deutschen Seerecht die Rede. See-Recht. Nicht bloß vom Seemannsgesetz! Lesen Sie die Verträge noch mal durch! Ich denke, Herr Lindenmann, das stimmt." Der Vorsitzende griff wieder ein. „Aber was ändert das? Ich denke: wenig. Denn auch, wenn der Tarifvertrag ein materielles Gesetz ist – das wollen Sie sicher doch damit gesagt haben, Herr Rechtsanwalt, nicht wahr?" – R. nickte. „So ist es doch kein formelles Gesetz."

„Woher wissen wir, dass der englische Begriff Law nur formelle Gesetze und keine materiellen Gesetze meint?"

R. setzte auf diese Weise nach. Er wusste, dieser Punkt war eigentlich unwichtig. Aber es galt, die Klingen solange als möglich zu kreuzen. Auch das verbesserte ihre Ausgangsposition in den kommenden Verhandlungen. Hier kam es auch auf das an, was weniger bedeutsam schien. Und sei es nur, um dem Vorsitzenden nach langem Disput das Gefühl der Überlegenheit zu vermitteln. Das Gefühl s e i n e r Überlegenheit. Das konnte einen Vorsitzenden niemals ungnädig stimmen.

Dr. Graf nickte.

Und jetzt flocht Melanie noch etwas ein, womit niemand gerechnet hatte: „Die Konstruktion des deutschen Tarifvertragsgesetzes ist der angloamerikanischen Rechtsordnung bis heute unbekannt."

„Wir reden über die Philippinen, Frau Kollegin!"

„Lindenmann suchte den Einwand von Melanie als unqualifiziert abzutun. Jedoch zu Unrecht. Sie selbst setzte nach: „Also, ich bitte Sie!"

Dies war für eine kleine Referendarin schon ziemlich starker Tobak.

„Bis vor einiger Zeit waren die Philippinen ein Stern auf dem ‚Stars & Stripes'", so stellte Melanie klar.

„Ich glaube, wir brauchen das nicht zu vertiefen, denn" – und nun klopfte Dr. Graf mit einem Bleistift auf seinen Richtertisch – „denn: was ist, wenn die gezahlte Heuer tatsächlich als sittenwidrig einzustufen ist? Was dann?"

„Moment! Herr Vorsitzender."

Lindenmann ging das zu schnell. „Ich habe Ihnen – glaube ich . . .
Warten Sie mal. Die Anlagen B 1 und B 2 . . .“

„Ja, haben Sie.“

„Ich habe das gesehen. Sie meinen diese ‚Seamen's Declaration‘,
nicht wahr?“

„Ja, ganz recht.“

„In Manila haben die Kläger, wie es auf den Philippinen allgemein
üblich ist, diese Erklärung unterschrieben. Sie ist Bestandteil des
Heuervertrages. Danach darf eine Veränderung hinsichtlich der
Heuer nur mit Zustimmung des NSB, des sog. National Seamen's
Board erfolgen. Und die liegt nicht vor!“

„Ja, Herr Vorsitzender.“

R. griff den Faden auf. „Das ist eine dieser unsäglichen Regelun-
gen aus den Zeiten des Kriegsrechts unter Präsident Marcos. Dass
man sich auch nicht an Streiks und dergleichen beteiligen darf.
Und das und Ähnliches, Herr Vorsitzender, führt dann dazu, dass
alles, was die Seeleute an Heuererhöhungen und Nachzahlungen
später erhalten, ihnen oder ihren Familien wieder zu Hause abge-
knöpft wird.“

R. machte eine Pause. Dann setzte er nach und wurde lauter.
Seine Stimme klang durchaus erregt. „Und das machen dann Leute . . .“

R. senkte künstlich die Stimme, wurde langsam, legte seinen
Kopf fast auf die Tischplatte, drehte sein Gesicht Lindenmann
zu und sprach ganz deutlich: „Und das machen dann Leute, die
mit schwarzen Köfferchen kommen und Sonnenbrille und dann
schon mal das schwarze Ding aufmachen und der Seemannsfrau
oder den Eltern oder Nachbarn in Toledo, Baguio, Olangapo oder
Naga die Knarre zeigen.“

Jetzt wurde er laut: „Die Knarre! Um damit ihren ‚rechtlichen‘
Argumenten Nachdruck zu verleihen. Soviel zu den Sitten der
Freunde Ihrer Mitglieder, Herr Kollege!“

R. hatte geendet.

„Also, was soll denn das? Diese Polemik! Ich bitte Sie: Das hilft
doch nicht weiter!“

Lindenmann empörte sich in ähnlicher Weise, wie R. sich zuvor erregt hatte. Dabei waren die Argumente R's zweifellos eindrucksvoller und selbst Dr. Graf lief angesichts dieses kurzen, aber sehr bildhaften Einwurfes ein Schauer über den Rücken. Der Vorsitzende wusste, dass sich R. in dieser Szene auskannte. Er hatte erst kürzlich auf einen solchen Fall im Regionalfernsehen aufmerksam gemacht. Graf hatte das gesehen. Aber es brachte nichts, diese Zuschauerschaft jetzt hier zu bekennen. Damit hätte er jede Chance verspielt, die Verhandlung noch an diesem Tag zu Ende zu führen. Und so schnitt er den Streit der beiden einfach ab und sagte: „Aber, Herr Lindenmann. Wenn das deutsche Recht Anwendung findet, dann findet es Anwendung. Punkt. Darin sind wir uns doch wohl einig, oder?"

Lindenmann schwieg. Zum ersten Mal.

„Egal, ob irgendeine Behörde irgendwo dagegen irgendwelche Einwendungen hat. Und damit sind wir bei der Anwendung deutschen Rechts. Vor allem des BGB. Wenn ich richtig sehe, führte und führt das Schiff die deutsche Flagge. Es hat sogar einen deutschen Heimathafen. Der liegt wenige Kilometer von hier entfernt, Elsfleth. Schöner Ort übrigens. Kennen Sie es?"

Die beiden Prozessvertreter nickten bloß. Es schien dieses Mal beiden gleichermaßen unwichtig zu sein.

„Herr Vorsitzender!" Lindenmann begann sich aufzubäumen. „Deutsche Flagge. Ja. Aber was heißt denn das?"

„Ach, Herr Kollege!", wandte nun R. ein.

„Kommen Sie jetzt wieder mit Ihrer Staatsangehörigkeitstheorie? Damit wollten Sie ja schon in Hamburg meine Kollegin hier verblüffen. Also im Ernst: Herr Vorsitzender . . ."

„Nun lassen Sie Herrn Lindenmann doch erst einmal ausreden!"

„Bitte sehr. Entschuldigung."

„Danke, Herr Vorsitzender."

Lindenmann holte nun aus. „Gewiss, die Flagge ist ein Anknüpfungspunkt. Aber doch nicht der einzige."

„Und der Heimathafen?"

„Ja, gewiss. Der auch. Aber sehen Sie doch: Diese Seeleute waren nie in Deutschland."

„Moment, Herr Lindenmann. Jetzt doch wohl schon, oder?"

Dr. Graf zeigte auf die beiden Zuschauer im Saal.

„Ja, vielleicht jetzt," so wandte Lindenmann ein. „Aber eben vorher nicht. Jedenfalls nicht, solange sie an Bord waren . . ."

„Wie bitte? Also Herr Lindenmann, das schlägt doch fast dem Fass den Boden aus. Ein Seemann an Bord ist nicht an Land. Was für eine Banalität. Wollen wir darüber ernsthaft streiten?"

„Herr R., äh, ich meine: Dr. R., also bitte!"

„Danke, Herr Vorsitzender."

Lindenmann setzte sogleich nach. „Also nochmals: Es ist e i n Anknüpfungspunkt. Ich meine die Flagge. Aber hier haben wir eindeutige Verträge."

„Eindeutig?"

„Na ja, zumindest was die sog. Declaration betrifft."

„Ja, und was ist mit dem deutschen ‚Maritime Law'?"

„Gewiss, also . . ."

Jetzt griff R. ohne weitere Verzögerung ein. Er kam Lindenmann dabei sogar scheinbar entgegen.

„Also bitte, Herr Lindenmann, Herr Vorsitzender."

R. zog Dr. Graf auf die gleiche Ebene. Das verlieh dem Vorsitzenden aber mehr Kompetenzen. Schifffahrtskompetenzen. Und der ließ es natürlich geschehen.

„Also, ich unterstelle mal, das deutsche Seemannsrecht gilt nicht in allen Punkten. Bitte. Unterstellen wir das einfach mal. Sie wissen ja wahrscheinlich, dass das ernsthaft diskutiert wird. Von Reederseite. Deutsches Schiff. Deutsche Flagge. Aber ausländische Arbeitsbedingungen."

„Aber das wäre wohl keine deutsche Flagge mehr, Herr Rechtsanwalt", wandte Dr. Graf ein.

„Das sehe ich genauso, Herr Vorsitzender. Aber unterstellen wir einmal, es wäre so. Noch sind wir ja nicht so weit. Wer weiß, wie es in zehn Jahren ist . . .*. Selbst, wenn es so wäre, so würde doch wohl der § 138 BGB gelten. Und zwar als ‚ordre public‘, denn die Anwendbarkeit einer ausländischen Rechtsordnung findet immer ihre Grenze an grundlegenden Prinzipien im Staat der Jurisdiktion. Sittenwidrigkeit, Herr Kollege. Sittenwidrigkeit." R. dehnte den Begriff bewusst aus und wurde dabei langsam: Und dass dieser Begriff zum „ordre public" gehört, werden Sie ja wohl nicht bestreiten.

R. richtete sich an Lindenmann.

Lindenmann antwortete sogleich: „Nein, grundsätzlich nicht. Aber nehmen wir mal an, es gelte dieser Grundsatz. Dann ist doch immer noch die Frage: Wie definieren wir ‚Sittenwidrigkeit‘. Muss da nicht zwingend Berücksichtigung finden, dass diese Seeleute im Heimatland weniger verdienen würden? Ja, dass sie sich verpflichtet haben, nicht mehr als die vereinbarte Heuer zu verlangen u n d, dass sie sich in Deutschland gar nicht niederlassen wollen?"

„Gut, Herr Lindenmann."

Dr. Graf ergriff das Wort. „Gut, aber sie wollen offensichtlich doch hier bleiben. Und niemand kann es ihnen verwehren. Jedenfalls halten sie sich jetzt hier auf. Und damit unterscheidet sich für mich deren Anwesenheit an Bord nicht mehr prinzipiell von einer Anwesenheit an Land. Von 171 Dollar kann kein Mensch leben. Und was für ein Lebensstandard auf den Philippinen herrscht, Herr Lindenmann, interessiert mich ehrlich gesagt nicht. Im Übrigen glaube ich . . .", und nun wurde Dr. Graf etwas kühn in seinen Ausführungen, „hätte der Gesetzgeber die Auswirkungen der Globalisierung im Bereich der Seeschifffahrt gekannt, so hätte er diese Grenze gerade auch auf diesen Fall angewandt wissen wollen."

*) Tatsächlich trat 1989 das Internationale Seeschifffahrtsregister in Kraft, mit dem die Arbeitsbedingungen aus den Herkunftsländern der Seeleute auch an Bord deutscher Schiffe zugelassen wurden. Der Autor war damals als Gutachter im Verkehrsausschusses des Deutschen Bundestages 1988 vehement gegen dieses Vorhaben aufgetreten und hatte prophezeit, dass dieses zum langfristigen Verlust seemännischen Know Hows führen würde. Unterstützt worden war der Autor damals u.a. von dem bekannten TV-Showmaster H.J. Kulenkampff, der ihn deshalb 1988 besucht hatte.

„Hat er aber nicht."

„Aber vor dem Hintergrund dieser Aktualität ist die Vorschrift auszulegen, Herr Kollege", wandte R. jetzt ein.

Lindenmann sah seine Felle wegschwimmen. Es dämmerte ihm, dass keine Chance mehr bestand, den Prozess zu gewinnen. Er wusste: Er hatte an die Verbandsmitglieder zu denken. Sein Aufgabenfeld war schließlich nicht nur das Recht, sondern auch die Politik. Es galt, unter allen Umständen eine Ausweitung des Tarifvertrages auf dem Umweg eines Oldenburger Urteils zu verhindern. Das wäre – da war er sich sicher – im Übrigen auch im Interesse der Gewerkschaft. Wo käme man denn hin, wenn philippinische Seeleute ohne deren Mitglied zu sein, am Tarifvertrag partizipieren würden! Und so machte Lindenmann einen Einwand, der bereits seinen Rückzug signalisierte: „Gut, also wenn ich mal auf das Thema der ‚üblichen Vergütung' kommen darf, Herr Vorsitzender."

„Dürfen Sie. Bitte sehr."

„Also, eine sittenwidrige Heuer wird durch die übliche Heuer ersetzt. Das will der Gesetzgeber so."

Dr. Graf und R. nickten nun. Lindenmann hatte es tatsächlich erfasst.

Welche Kehrtwende! So dachte zumindest Melanie.

„‚Üblich' ist aber nicht die Tarifheuer. Jedenfalls nicht empirisch."

„Was dann?"

„Es ist die Durchschnittsheuer, die der Seeberufsgenossenschaft und der Seekasse zur Berechnung von Krankengeld und sonstigen Leistungen dient. Sie orientiert sich am üblichen Einkommen der deutschen Seeleute."

„Was sagen Sie dazu?", fragte Dr. Graf jetzt Rechtsanwalt R.

„Also, Herr Vorsitzender, im Gegensatz zu Herrn Lindenmann mache ich keine Tarifpolitik. Ich will für meine Mandantin eine angemessene Vergütung erreichen. Wenn das nicht die Tarifheuer ist, sondern die Durchschnittsheuer, bitte sehr. Daran soll es nicht scheitern. Zumal beide kaum voneinander abweichen."

„Ja, dann lassen Sie uns doch mal rechnen, meine Herren."

So griff Graf sofort wieder ein. Und man rechnete. Für die vier Seeleute kam man auf einen Nachzahlungsbetrag von über 150.000,00 Deutschen Mark.

„So", jetzt hakte R. wieder schnell ein, „wir dürfen die Kündigungen aber nicht vergessen. Dass das Kündigungsschutzgesetz Anwendung findet, brauchen wir ja wohl nicht weiter zu vertiefen. Und dass die Behauptungen über Messerstechereien und Ähnliches alle nicht greifen, ist ja wohl auch kein ernsthaftes Thema mehr, oder?"

„Warum?", wollte Graf wissen.

„Hier. Herr Vorsitzender: Allein in drei Fällen – und ich meine, beim vierten ist es ähnlich – habe ich ein englischsprachiges Zeugnis vorliegen, worin den jeweiligen Klägern vom Kapitän eine ‚gute Führung' bestätigt wird. Wohlgemerkt von demselben Kapitän, von dem die Eintragungen im Schiffstagebuch und die unterzeichnete Kündigung stammen. Und die Zeugnisse wurden danach erstellt – nicht davor. Hier, sehen Sie selbst!"

Dr. Graf schaute es sich an. Lindenmann und der Reeder standen auf und kamen dazu. Lindenmann schaute den Reeder kurz an und fragte schnell den Vorsitzenden: „Herr Vorsitzender, darf ich kurz unterbrechen und mit unserem Mitglied sprechen?"

„Bitte sehr, Herr Lindenmann."

Lindenmann und der Reeder verließen den Saal. Schon nach kurzer Zeit betraten sie wieder den Raum. Es schien, als habe Lindenmann ein Machtwort gesprochen. Der Reeder machte jedenfalls einen ziemlich geknickten Eindruck. Lindenmann ergriff sofort das Wort und erklärte: „Also, wir können das natürlich aufklären. Wir würden uns zum Beweis für die Richtigkeit unserer Ausführungen auf das Zeugnis des Bootsmannes Li beziehen. Der hält sich zur Zeit nicht in Deutschland auf. Er müsste dann eingeflogen werden. Außerdem auf das Zeugnis des Kapitäns und des zweiten Ingenieurs. Aber ich weiß nicht, Herr R., ob uns das wesentlich weiterhilft. Vor diesem Hintergrund würde ich vorschlagen, ein halbes Bruttomonatsgehalt auf der Basis der Durchschnittsheuer für einen Matrosen, und ich glaube, bei einem der anderen Herren handelt es sich um einen Schiffskoch, dann eben für einen Schiffskoch zugrunde zu legen."

„Aber bitte die Höhe im jeweiligen Jahr der Tätigkeit. Und zwar nun nicht wieder auf der Grundlage einer Tätigkeit unter deutscher Flagge. Sondern insgesamt", wandte R. ein.

„Einverstanden."

Und so erhöhte sich der Zahlungsbetrag noch einmal um entsprechende Abfindungsbeträge, so dass am Ende eine Summe von fast 170.000,00 Deutschen Mark im Raume stand. Lindenmann verließ noch einmal den Raum. Er wusste: Es durfte kein Urteil gefällt werden. Und es war wichtig, dass der Tarifvertrag außen vor blieb. Auf dem Flur ging es hoch her.

„Aber Sie haben doch damals selbst gesagt . . ."

„Was habe ich gesagt?"

Der Reeder griff Lindenmann an. Ganz Unrecht hatte er mit seinem Angriff nicht. Denn Lindenmann hatte damals die Tragweite der Problematik keineswegs vollständig erkannt. Jetzt aber kam hinzu, dass Rechtsanwalt R. auch noch die Medien bemüht hatte. Auch wenn es ihm nicht so sehr auf eine Grundsatzentscheidung anzukommen schien: Bei R. konnte man nie genau wissen, woran man war. Er tat zwar so, als sei er gewissermaßen unpolitisch. Er war auch kein Verbandspolitiker, und was die Gewerkschaft tat und wollte, war keineswegs immer seine eigene Position. Aber unpolitisch war dieser R. nun wirklich nicht. Mit großem Tamtam würde die ganze Angelegenheit durch die Medien gezogen werden. Und die Signalwirkung, die ausgerechnet von einem Provinzgericht wie dem Oldenburger Gericht dann nach Hamburg gesendet würde, musste unbedingt vermieden werden. Dieser Oldenburger Richter hatte sich offenbar festgelegt. Und die anderen Fälle würden auch von ihm verhandelt werden. Wie man in der zweiten Instanz in Hannover entscheiden würde, war gänzlich ungewiss. Verständnis für einen mittelständischen Reeder? Davon konnte man nicht ausgehen.

Beide kehrten in den Saal zurück.

Die Vergleiche wurden protokolliert. Die Reederei hatte eine enorme Summe zu zahlen. Nach der Protokollierung verabschiedete sich R. von Dr. Graf, eilte schnell aus dem Saal und dem Gebäude und erklärte draußen in der strahlenden Sonne des Frühlingsmorgens, der inzwischen in einen frühen Mittag übergegangen war, was man erreicht hatte. Die beiden philippinischen Seeleute waren überglücklich und wollten es zuerst gar nicht fassen. Gleichwohl sprachen sie ein Thema an, das tatsächlich durchaus hierher gehörte, nämlich die Frage nach ihrem Aufenthalt.

„Es gibt zwei Möglichkeiten: Wir ziehen das Verfahren durch. Dann stellt sich die Frage: Wovon leben Sie? Anspruch auf deutsches Arbeitslosengeld haben Sie nicht. Sozialhilfe dürfen Sie nicht in Anspruch nehmen, sonst werden Sie sofort ausgewiesen. Dann gewinnen wir irgendwann den Prozess und Sie müssen dann weiterbeschäftigt werden. Aber wie lange wird dieses Verfahren dauern? Umgekehrt haben Sie so die Möglichkeit, ein neues Schiff unter deutscher Flagge zu suchen und sich dann hier niederzulassen."

R. versuchte es ihnen so deutlich wie möglich in englischer Sprache zu erklären. Die beiden waren zufrieden und wollten über das Ergebnis so schnell wie möglich ihren Freunden und Kollegen berichten. Von der nächsten Telefonzelle direkt an der Weserkaje versuchten die beiden, einen der Kollegen zu erreichen. Es gelang ihnen schließlich.

„We won the case!"

Am anderen Ende der Leitung konnte man es nicht fassen.

„In Oldenburg. There was a nice judge!"

Doch die Seeleute wussten, dass sie ihren Erfolg dem Anwalt R. zu verdanken hatten. Es war ein Erfolg, der dem Anwalt so viel Respekt einbrachte, dass er die an ihn gestellten Erwartungen schließlich kaum noch erfüllen konnte: Der deutsche Gesetzgeber und eine rigorose Ausländerpolitik setzten den berechtigten Anliegen ausländischer Seeleute schließlich massive Grenzen.

Eine Seemannsfrau steht auf

Als man Mitte der 1980er Jahre den Hamburger Bürgermeister Klaus von Dohnanyi nach den Gründen für den überwältigenden Wahlsieg der Grün-Alternativen-Liste im Jahre 1984 fragte, erklärte dieser ohne zu zögern: „Das war etwas ganz Besonderes, das hing damals mit dem Fall Alviola zusammen."

In der Tat: Dieser Fall hatte eine ganze Stadt aufgewühlt und stellte in vielerlei Hinsicht eine Zäsur dar: Hier hatte eine Seemannsfrau für sich und ihre Kinder ein Aufenthaltsrecht in dem Staat beansprucht, dessen Flagge die Schiffe ihres Ehemannes führten. Ihr Kampf um dieses Aufenthaltsrecht, der schließlich mit juristischen Mitteln nicht mehr gewonnen werden konnte, dauerte fast zwei Jahre. Der Kampf endete mit einer bitteren Niederlage, denn zum ersten und einzigen Male überfiel eine Hundertschaft der Hamburger Polizei eine Kirche, um die Menschen, denen dort Asyl gewährt worden war, abzutransportieren und gewaltsam außer Landes zu bringen. Gleichzeitig aber führte der Hamburger Senat erstmals Regeln über den Familiennachzug für ausländische Seeleute ein und verbesserte insgesamt den Status ausländischer Seeleute in der Hansestadt. Der Name „Susan Alviola" war nach den zwei Jahren zum Programm geworden, denn eine zurückhaltende und bescheidene Seemannsfrau hatte ihre Rechte selbst in die Hand genommen und war in die Öffentlichkeit getreten. Die Solidarität der Menschen war überwältigend und offensichtlich musste die Politik ein Exempel statuieren: Was nicht sein darf, das kann nicht sein.

Natürlich: Als der Hamburger Senat wegen seiner gewaltsamen Abschiebeaktion in der massiven Kritik der Öffentlichkeit stand, galt es nach der Methode „Haltet den Dieb!" zu verfahren. Und so erklärte man flugs jene, die Solidarität geübt hatten, zu den „eigentlich Schuldigen".

Denn es wäre i h r e Aufgabe gewesen, Susan Alviola auf die Aussichtslosigkeit ihres Begehrens hinzuweisen und gewissermaßen an Stelle der Hamburger Ausländerbehörde s e l b s t dafür zu sorgen, dass sie das Land verlässt. So die Logik der Politiker damals.

Als Susan Alviola 1982 meine Anwaltskanzlei das erste Mal aufsuchte, kam sie noch in Begleitung ihres Ehemannes Emilio Alviola, der zuletzt bei der Reederei Laeisz gearbeitet hatte. Wie üblich, führte das Wort damals der Mann, zumal Frau Alviola sich bescheiden im Hintergrund hielt, mit den hiesigen Verhältnissen nicht vertraut war und mich damals auch noch gar nicht kannte. Eigentlich stellte zum damaligen Zeitpunkt der Nachzug von Angehörigen ausländischer Seeleute in der deutschen Seeschifffahrt kein besonderes Problem dar: In einer Vielzahl von vergleichbaren Fällen hatte die Hamburger Ausländerbehörde bereits den Nachzug gestattet. So wurde der entsprechende Antrag fast routinemäßig dann bei der Ausländerbehörde gestellt. Doch diesmal lehnte man den Antrag ab. Die Begründung lautete damals noch ganz anders als die spätere Argumentation der Behörden und Politiker: Man verwies darauf, der Ehemann habe als Inhaber eines deutschen Seefahrtsbuches ja gar keine Aufenthaltserlaubnis. Wenn der Ehemann aber keine Aufenthaltserlaubnis habe, so könne der Ehefrau auch keine Aufenthaltserlaubnis gewährt werden. Diese Logik entsprach nicht der damaligen Praxis. Man argumentierte, Seeleute bedürften keiner Aufenthaltserlaubnis, weil sie von dieser Pflicht „befreit" seien. Aber dann könnten Familienangehörige „erst Recht" keine Aufenthaltserlaubnis erhalten . . . Doch damals galt noch die gegenteilige Praxis.

Der Antrag wurde im Februar 1982 gestellt. Im November 1981 war Susan Alviola von den Philippinen aus mit ihren gemeinsamen Kindern nach Hamburg gekommen. Noch die deutsche Botschaft in Manila hatte ihr versichert, sie hätte das Recht, ihrem Mann in die Bundesrepublik zu folgen. Doch schon im April 1982 wurde die Aufenthaltserlaubnis abgelehnt. Im März 1983 schließlich stellte das Verwaltungsgericht fest, die Entscheidung der Behörde sei „ermessensfehlerfrei" gewesen. Im Juni 1983 bestätigte das Hamburgische Oberverwaltungsgericht diesen Beschluss. Die Familie sollte ausreisen. Inzwischen verwies man auch auf den Umstand, dass der Ehemann ja zwischenzeitlich (ohne sein Verschulden) nicht mehr auf einem Schiff deutscher Flagge arbeite und deshalb ein Nachzug „ohnehin" nicht in Betracht komme. Pflichtgemäß wies ich Frau Alviola auf die Lage hin und erklärte ihr, dass die juristischen Mittel damit praktisch erschöpft seien. Eine Klage gegen die Behörde hätte nur noch theoretische Bedeutung, da sie jedenfalls jetzt zur Ausreise verpflichtet sei. Ich erklärte ihr die Situation mehrmals. Ihr Mann war damals auf hoher See. Sie selbst sah sich zunächst nicht in der Lage, über das weitere Schicksal der Familie zu entscheiden und bat mich dringend, doch noch Schritte zu unternehmen. Als ich ihr dann im Detail erklärte, weshalb rechtlich keine Möglichkeiten mehr bestünden, war es das erste Mal, dass diese Frau mit den Realitäten des ausländerpolitischen Alltags in der Bundesrepublik konfrontiert wurde. Beamte von Ausländerbehörden mögen sich damit begnügen, einem betroffenen Ausländer die Verfügung, die sie selbst geschrieben haben, zu überreichen und ihn anschließend aus dem Zimmer zu werfen. Ein Anwalt jedoch hat die Pflicht, diese Verfügung zu erklären und auch noch Trost spendende Worte für das zu finden, was dann folgt: nämlich in gewisser Weise eine Art von sozialer und existentieller Exekution. Eine solche Aufgabe ist ungefähr so dankenswert wie die Aufgabe eines Pfarrers vor einer ordnungsgemäßen und völlig „legalen" Hinrichtung. Man erwartet von ihm nur eines: den Betroffenen zu beruhigen, damit er nicht in letzter Minute noch gegen das angebliche „Recht" aufbegehrt.

Ich konnte Frau Alviola nicht, wie ein Beamter der Ausländerbehörde dieses getan hätte, aus meiner Kanzlei werfen und damit den Fall zu den Akten legen. Ihre Bitte, doch noch zu überlegen, ob es nicht „irgendetwas" gäbe, womit man ihr helfen könne, konnte ich nicht abschlagen. Ich sagte ihr aber ganz deutlich: Die einzige Chance sei eine politische Entscheidung des Senats. Sie könne versuchen, eine Petition bei der Bürgerschaft einzureichen. Sie müsse allerdings wissen, dass dies ein sehr dornenreicher Weg wäre. Sie müsse auch wissen, dass sie an die Öffentlichkeit treten und um Solidarität in dieser Öffentlichkeit bitten müsse. Vielleicht könne auch die Kirche helfen, mit der sich Frau Alviola aufgrund ihrer Herkunft und Erziehung verbunden fühlte. Sicher sei nichts. Es sei ein schwerer Weg.

Susan Alviola bat mich, sie flehte mich an, zu helfen. Dieser Strohhalm, an den sie sich klammern könne, sei wichtig. Die Kinder gingen hier zur Schule. Sie wollten hier leben. Sie hätten sich darauf eingerichtet. Ein Zurück auf die Philippinen gäbe es nicht. Sie würde dort in das Nichts zurückfallen.

Da man später sich nicht traute, einer solchen Frau einen aufrechten Gang zuzutrauen, musste die Legende der „Manipulation" herhalten. Doch wer hätte Interesse an einer solchen Manipulation haben können? Und wie weit geht die Manipulation von Menschen? Kann man einen Menschen dahingehend manipulieren, dass er sein Gesicht in der Öffentlichkeit zeigt und die Öffentlichkeit um Solidarität bittet? Die Legende, Susan Alviola sei manipuliert worden, m u s s t e aber geschaffen werden, denn man wollte sich nicht eingestehen, dass hier ein Mensch sich für einen aufrechten Gang entschieden hatte.

Ein Komitee zur Rettung der Seemannsfamilie wurde gebildet. Die Friedenskirche in Hamburg-Altona gewährte der Familie symbolischen Schutz. Politiker schalteten sich ein. Der Petitionsausschuss der Bürgerschaft befasste sich mit der Angelegenheit. Die Behörde entschied über den eingereichten Widerspruch von Susan Alviola. Doch alle Entscheidungen verliefen negativ: Die Petition wurde mit den Stimmen von SPD und CDU im Eingabenausschuss abgelehnt. In der Bürgerschaft bezeichnete der Abgeordnete Fraider als den „eigentlich Schuldigen" in der Angelegenheit Alviola ihren Anwalt. Er habe ihr Illusionen gemacht. Dies geschah, obwohl derselbe Herr Fraider, der zuvor sich bei mir umfassend über den Fall informiert hatte, zugleich mir empfohlen hatte, doch einfach einen Asylantrag zu stellen, damit die Hamburger Behörden mit der Angelegenheit nicht mehr befasst seien . . .

Man stelle sich das vor: Es war klar, dass Susan Alviola nicht politisch verfolgt war. Sie wollte zwar nicht zurückkehren auf die Philippinen. Zu keinem Zeitpunkt aber hatte sie geltend gemacht, auf den Philippinen politisch verfolgt zu sein oder gar ein politischer Flüchtling zu sein. Schon damals wurden viele Flüchtlinge damit diffamiert, sog. „Scheinasylanten" zu sein. Und da empfahl ein verantwortlicher Politiker der Freien und Hansestadt Hamburg, man solle doch einfach einen Asylantrag stellen . . .

Der Innensenator Pawelczyk weigerte sich, ein Gespräch unter Hinzuziehung des Anwaltes zu führen. Frau Alviola solle ohne ihren Anwalt kommen. Der Senator jedoch kam nicht allein. Er war in Begleitung einer Vielzahl von Beratern. Hatte man vor dieser Frau so viel Angst? Es muss wohl so gewesen sein: Mit jeder Niederlage, die die Situation für Frau Alviola noch hoffnungsloser werden ließ, als sie zuvor war, wuchsen zugleich ihre Kraft und ihre Zuversicht. Sie ging auf die Politiker direkt zu. Sie sprach nicht über sie, sie versuchte, m i t ihnen zu sprechen. So suchte sie allein den Leiter des Einwohnerzentralamtes auf. Sie besuchte auf dem Neujahrsempfang im Rathaus den Bürgermeister von Dohnanyi. Sie sprach mit dem Geschäftsführer der Fraktion der CDU. Sie sprach mit dem früheren Bürgermeister Hans Ulrich Klose. Sie wollte die politisch Verantwortlichen selbst kennen lernen, um zu sehen, wer über das Schicksal und das Leben einer Familie entscheiden könne wie über ein Stück Papier. Es war eine ungewöhnliche Form des aufrechten Ganges, die bisher in Behörden unbekannt war. Ausländer werden zwar durch das Ausländerrecht immer noch diskriminiert. Aber sie müssen stets höflich und zurückhaltend bleiben. Susan Alviola war höflich, auch zurückhaltend. Aber sie ging auf die Verantwortlichen zu. Und davor hatte mancher Angst.

Im November 1983 ordnete der Widerspruchsausschuss beim Einwohnerzentralamt erneut die sofortige Vollziehung der Verfügung an. Wieder wurde beim Verwaltungsgericht ein Antrag auf aufschiebende Wirkung gestellt. Um eine politische Entscheidung, die monatelang hinausgezögert wurde, zu erreichen, besuchte Susan Alviola – begleitet von einer Vielzahl Hamburger Bürger – die Ausländerbehörde. Zusammen mit ihrer Tochter Clarizze führte sie einen philippinischen Bambustanz in der Ausländerbehörde vor. Es war der Tanz „Tinikling", mit dem der aussichtslose Versuch symbolisiert wird, Vögel auf einem Reisfeld zu fangen. Das

Ereignis war so ungewöhnlich – auch für das Amt –, dass der Leiter des Amtes flugs die Treppen herunterstürzte und sich wie folgt empörte: „Frau Alviola, was sollen die Bewegungen!"

Nun hatte man schon Angst vor „Bewegungen", also einem „Vorgang", den man sonst nicht nur in Mitteleuropa, sondern in der ganzen Welt als „Tanz" bezeichnet. In einem deutschen Amt durfte niemand tanzen.

Doch die anwesenden Ausländer verstanden trotz aller Sprachschwierigkeiten die Symbolik des Tanzes sehr wohl: Es war das Zeichen, dass man sich nicht so einfach unterdrücken ließ. Die Bambusstäbe trafen die Füße von Frau Alviola nicht. Auch das war ein Symbol.

Neun Monate brauchte das Verwaltungsgericht, um über den Antrag schließlich zu entscheiden. Er wurde abgelehnt. Die Begründung übertraf alles bisher Dagewesene. Die Behauptung von Frau Alviola, die deutsche Botschaft in Manila habe ihr bestimmte Zusagen für ihren Aufenthalt in Hamburg gemacht, sei nicht glaubwürdig. Es sei nicht verständlich, warum Frau Alviola dies erst jetzt vorgetragen habe und nicht schon zu einem früheren Zeitpunkt. Allerdings hatte man sie dazu überhaupt nicht angehört. Die Entscheidung erging ohne mündliche Verhandlung. Und ihrem Anwalt – also mir – unterstellte man, bewusst die Unwahrheit gesagt zu haben oder zumindest Susan Alviola zur Abgabe falscher Angaben verleitet zu haben. Und dies, obwohl die inzwischen vom Senator eingeholten Auskünfte aus Manila mehr als dürftig waren, denn die Angaben der Betroffenen wurden darin praktisch nicht widerlegt. Schon im Antrag war darauf hingewiesen worden, warum Susan Alviola in den früheren Verfahren auf diese Umstände nicht hingewiesen hatte. Es war ausgeführt worden, wie sie zu Beginn des Mandatsverhältnisses sich zurückgehalten hatte und wie wenig sie selbst die Angelegenheit betrieb, weil sie es nicht anders kannte. Doch all das zählte nicht. Sie hätte damals nicht bescheiden sein sollen, sondern ihrem Mann über den Mund fahren und sagen müssen: „Du hast keine Ahnung. Du weißt nämlich gar nicht, was ein möglicher Antrag auf Wiederherstellung einer aufschiebenden Wirkung des Widerspruches gegen eine Anordnung der Behörde ist. Das wissen zwar selbst deutsche Bürger nicht. Selbst die meisten Juristen wissen es nicht. Du aber als philippinischer Seemann und ich als Ehefrau eines philippinischen Seemannes, du musst das wissen. Und in diesem Zusammenhang sind die Aussagen der deutschen Botschaft in Manila von größter Bedeutung. Also lass uns die Sachen jetzt hier stichwortartig festhalten und eine eidesstattliche Versicherung zur Glaubhaftmachung dieser Angaben einreichen."

Mit anderen Worten: Die Seemannsfrau Alviola hätte nicht nur eine andere Persönlichkeit sein müssen, sie hätte auch rechtskundig sein müssen. Praktisch hätte sie ihr eigener Anwalt sein müssen und zugleich hätte sie den Entscheidungshorizont eines Richters am Hamburgischen Verwaltungsgericht besitzen müssen. Schließlich hätte sie Hellseherin sein müssen.

Ob die spätere Wandlung ihrer Persönlichkeit zu einer bewusst handelnden, selbstständigen, mutigen und zutiefst charaktervollen Frau dazu beigetragen hat, dass die Verwaltungsrichter ihr all das zutrauten? Vielleicht. Wir wissen nur, dass Susan Alviola nach der Entscheidung den Richter am Verwaltungsgericht, Lochner, aufsuchte, um auch i h n persönlich kennenzulernen und ihm ins Auge zu blicken. Das Ergebnis fiel anders aus als bei den meisten Politikern. Es kam gar nicht zu einem Gespräch. Man warf sie hinaus. Und Jahre später musste ich dafür Lehrgeld bezahlen, denn nicht nur der Richter am Verwaltungsgericht, Lochner, sondern praktisch die gesamte Richterschaft unterstellte auch hier mir (was sonst?): Manipulation. Natürlich war i c h es gewesen, der Frau Alviola zum Gericht geschickt hatte. Natürlich war es ein Verbrechen ohnegleichen, einen Richter, der doch durch eine Akte in einem Verfahren ohne mündliche Verhandlung gewissermaßen vor allen Attacken eines Menschen geschützt ist, der Begegnung mit diesem konkreten Menschen auszusetzen. Wie schrecklich! Sind Anwälte nicht dazu da, Richter vor Menschen (d.h. ihren Klienten) zu schützen? In den Augen der Justiz bisweilen offenbar schon. Der Verwaltungsrichter Lochner jedenfalls erklärte, als er sie vor die Tür setzte: „Ich möchte nicht von einer Klägerin besucht werden."

Unterdessen gab es insgesamt vier Solidaritätsveranstaltungen für die Seemannsfamilie. Die Vorsitzende der Bezirksversammlung Hamburg-Eimsbüttel setzte sich beim Senat und der Bürgerschaft für die Familie ein. Das internationale Stadtteilzentrum „Haus für alle" in Eimsbüttel übernahm eine Patenschaft für die Familie. Die Künstler Wolf Biermann, Inge Meysel, Peter Schütt sowie die Theologin Dorothee Sölle u.a. unterstützten einen Appell an den Hamburger Senat. Sogar der Ex-Bürgermeister Klose und eine Reihe von SPD-Bürgerschaftsabgeordneten schlossen sich der Forderung „Lasst die Familie Alviola in Hamburg" im Mai 1984 an.

Am 22.10.1984 schließlich nimmt die Eimsbütteler Kirchengemeinde St. Stephanus (die heute in ein Restaurant umgewandelt ist . . .) Susan Alviola und ihre beiden Kinder auf, um ihnen Schutz vor der Abschiebung zu geben. Ab dem 25.10.1984 findet jeden Donnerstag eine Solidaritätsandacht mit anschließender Veranstaltung für die Familie in der Kirche statt. Künstler, Politiker und Vertreter der Kirche treten auf.

Am 28.10.1984 schreibt Susan Alviola einen Brief an Senator Lange, der inzwischen das Innenressort von Alfons Pawelczyk übernommen hatte. In dem Brief heißt es: „Sie haben heute Ihre Macht als Innensenator nur aufgrund dessen, was man Mehrheitsverhältnisse nennt. Aber auf dieser Erde ist nichts von Dauer. Das Leben hat seine Höhen und Tiefen. Eines Tages werden auch Sie machtlos und in der Minderheit sein und dann werden auch Sie verstehen und erfahren, was es heißt, nicht akzeptiert und anerkannt zu werden. Mein jetziges tiefes Leiden ist nichts im Vergleich zu dem, was Ihnen widerfahren wird. Es scheint, als ob das Leben vom Gesetz regiert würde, doch das wirkliche Leben ist im Inneren, im Geiste und wird vom christlichen Gewissen bestimmt. Ich beuge mich nicht und schreie nach menschlicher Gerechtigkeit. Sie müssen mir mein Menschenrecht zu bleiben geben. Ich will bleiben und ich werde bleiben. Sie können den Körper zerstören, aber niemals den Geist. Für Sie bin ich nur ein ‚Spatz'. Doch der Geist dieses Spatzen wird immer wie ein Schatten Ihrem Gewissen folgen. Sie sind stets in der St. Stephanus-Kirche willkommen. Wenn Sie etwas gegen mich und meine Kinder unternehmen wollen, dann tun Sie es selbst und dann tun Sie es jetzt und setzen Sie mich nicht einem psychologischen Terror aus. Was auch immer Sie tun werden: Ich, als gläubige Christin, fürchte nur meinen Gott."

Am 31.10.1984 wird in der aktuellen Stunde der Hamburger Bürgerschaft bekannt, dass das indische Ehepaar Datta in Deutschland bleiben darf. Die Familie Alviola jedoch müsse ausreisen. Einen Tag später läuft die Frist, innerhalb der die Familie ihrer Ausreisepflicht nachkommen soll, um 24.00 Uhr ab. Von nun an lebt eine große Gruppe von Freunden gemeinsam mit Susan Alviola und ihren Kindern in der Stephanus-Gemeinde. Spät in der Nacht des 01.11.1984 bricht Susan Alviola in der Kirche zusammen.

Am 05.11.1984 kommt der Senatsdirektor Reinert, Leiter der Innenbehörde, zu einem Gespräch mit Susan Alviola, ihrem Anwalt und dem Pastor Hess in die Stephanus-Gemeinde. Ihm wird u.a. ein Brief der Hamburger Pröbste überreicht, die sich für die Familie einsetzen und für den Verbleib der Familie in Hamburg eintreten.

Doch nur fünf Tage später kommt es zu einem ersten Abschiebeversuch durch drei Beamte der Ausländerbehörde. Die Beamten versuchen, Susan Alviola und ihre Kinder zum „Mitkommen" zu überreden. Doch sie ziehen unverrichteter Dinge ab.

Zwei Tage später besucht der Probst Schmittpott die Familie in der Stephanus-Gemeinde. Weitere zwei Tage später erhalte ich den Anruf eines renommierten Hamburger Anwaltes, der seinerseits einen anonymen Anruf bekommen hat. In diesem anonymen Anruf soll die Abschiebung für die folgende Nacht angekündigt worden sein. Natürlich wird hierauf auch sofort reagiert. Etwa 50 Freunde der Familie durchwachen die ganze Nacht im Gemeindehaus. Doch niemand kommt. Was kaum jemand geahnt hat: Dieser anonyme Anruf war offensichtlich bereits Teil einer planmäßig angelegten Strategie zur Täuschung des Solidaritätskomitees, der Öffentlichkeit und der Familie.

Für den 15.11.1984 ist für 13.00 Uhr Probst Herberger zum Gespräch durch den Innensenator eingeladen worden, in dem nach Möglichkeiten gesucht werden soll, die Situation „zu deeskalieren". Doch währenddessen wird bereits die Polizeiaktion zur gewaltsamen Abschiebung der Familie eingeleitet. Später bezeichnet der Probst Herberger das Gespräch mit dem Innensenator lediglich als „Scheingespräch".

Um 14.15 Uhr – als wegen der nicht durchgeführten Abschiebung am 14.11. fast niemand mehr sich in den Räumlichkeiten der Kirche befindet – überfallen 60 Polizeibeamte in Zivil das Gemeindehaus und die Kirche St. Stephanus. Das Besondere: Die gesamte Straße ist abgesperrt. Die Hauseingänge sind von Zivilbeamten besetzt, so dass niemand aus den Häusern gelangen kann. Auch diese Maßnahme erfolgte planmäßig, denn im ganzen Viertel war bekannt, dass für den Fall der Abschiebung die Kirchenglocken läuten würden. Man wollte so die Solidarität der Bevölkerung (!) mit der Familie verhindern. Kein Wunder also, dass das erste Interesse der Zivilbeamten bei der Erstürmung der Kirche dem Schaltkasten für die Glocken diente! Und das in einem christlichen Land …

Susan Alviola und ihre beiden Kinder wehren sich verzweifelt gegen den Abtransport. Daraufhin werden sie an Händen und Füßen geschleppt und mit Gewalt aus der Kirche gezerrt, getrennt voneinander in verschiedene Pkw's verfrachtet und schließlich weggefahren. Über den Verbleib wird im Folgenden weder der Rechtsanwalt der Familie noch einer der Stephanus-Pastoren informiert. Bis 17.00 Uhr sammelt sich auf dem Flughafen eine große Gruppe von Menschen, die die Abschiebung noch zu verhindern sucht. Anschließend findet eine Demonstration im Rathaus statt.

Zwei Tage später nehmen an einer spontanen Demonstration gegen die gewaltsame Abschiebung der Familie über tausend Menschen teil. Der Rücktritt des Innensenators und die vollständige Rehabilitierung der Alviolas wird gefordert.

Über die Erstürmung der Kirche berichtete ein Augenzeuge wie folgt: „Ich war derjenige, der den Beamten die Tür zum Gemeindehaus öffnete. Ich befand mich während der ganzen Aktion im unteren Hausflur. Als ich am Donnerstag, den 15.11.1984 gegen 14.00 Uhr das Gemeindehaus betreten wollte, empfing mich ein Mitarbeiter der Gemeinde mit dem Hinweis, er habe soeben einen Anruf eines Bewohners der Hartwig-Hesse-Straße bekommen. Der Anrufer habe in dieser Straße ein größeres Aufgebot von Zivilpolizei beobachtet. Ich ging sofort an die Ecke Sartorius-/Hartwig-Hesse-Straße. Dort war nichts Auffälliges zu sehen und ich ging zurück ins Gemeindehaus. Nach einigen Minuten erschien der Anrufer mit einem Zettel, auf dem er die Autonummern zweier Zivilpolizeiwagen notiert hatte. Mit diesem Zettel ging ich zu einem Mitglied des Komitees. Wir besprachen uns kurz. Schnell wurden ein paar Leute angerufen. Außer uns waren zu dem Zeitpunkt nur noch zwei weitere Betreuer im Haus. Frau Alviola war in der Küche beim Vorbereiten des Mittagessens, als es nach ein paar Minuten wieder klingelte. Es war ihr Sohn, der aus der Schule kam. Ich ließ ihn hinein. Ich war kaum zurück in der Küche, als es wieder klingelte. Ich vermutete, dass dies bereits die herbeitelefonierte Unterstützung sei. Als ich vorsichtig öffnete, stellte jemand sofort einen Fuß in die Tür. Ich protestierte und rief um Hilfe. Meine Fragen, wer sie seien – ich sah inzwischen durch den Türspalt mehrere Männergestalten – wurden mit einem schwachen ‚Polizei‘ beantwortet. Ich konnte dem wachsenden Druck nicht lange widerstehen. Keiner der Beamten machte irgendwelche Anstalten, sich auszuweisen. Durch die Tür quollen sehr schnell ca. zwanzig Beamte herein. Sofort wurde der Befehl erteilt: ‚Niemanden rauflassen, niemanden runterlassen, niemanden reinlassen, niemanden rauslassen!‘ Armbinden mit der Aufschrift ‚Kriminalpolizei‘ wurden verteilt und über den rechten Arm gestreift. Alle Männer waren in Zivil. Einige stürmten die Treppe hinauf . . . Unter den noch im Flur befindlichen Beamten war eine Frau und auch ein Film- und Fototeam. Durch die Eingangstür kamen dann noch einmal mehrere Beamte, unter ihnen einer, der irgendwelche Papiere in der Hand hielt. Aus dem Durchgang kam einer zurück. ‚Sie sind in der Kirche. Oben nicht mehr weitersuchen!‘ Kurz darauf hörte ich Schreie aus der Kirche.

Dann kam wieder einer aus dem ersten Gang: ‚Sie werden herausgetragen.' Der erste, der an mir vorbeigetragen wurde, war Alvin, an Armen und Beinen angepackt von vier Beamten. Trotzdem versuchte er sich zu wehren und schrie. Auch Clarizze und Susan Alviola wurden auf ähnliche Weise hinausgetragen. Hiervon habe ich nur noch sehr verschwommene Eindrücke, da ich einem Zusammenbruch nahe war. Fast die ganze Zeit über war eine Mitbetreuerin ebenfalls im Flur anwesend, die sich heftig gegen diese Gewaltmaßnahmen zur Wehr setzte, aber in eine Ecke gedrängt wurde und vergeblich protestierte."

Dieser Zeuge, der die Tür geöffnet hatte, erlitt später einen Nervenzusammenbruch und hatte an den Folgen des Traumas, durch das Öffnen der Tür „mitverantwortlich" für die Abschiebung der Familie gewesen zu sein, viele Jahre tragen müssen. Eine weitere Augenzeugin berichtete über denselben Vorgang: „Gegen 14.00 Uhr kam ein Anruf aus der Nachbarschaft und warnte uns vor gesehenen Polizeiwagen rund um die Kirche. Ich beriet mich mit einem Mitbetreuer, wen es nun galt, telefonisch zu verständigen. Aber da klingelte es schon an der Gemeindehaustür. Aus dem Nebenzimmer ging jemand nach unten, um zu öffnen. Sofort hörte ich einen Schrei: ‚Hilfe!' Ich lief runter und versuchte, mit ihm zusammen die Polizei abzudrängen. Das gelang nur für wenige Sekunden. Wir wurden zur Seite gedrängt und 20 bis 25 Personen stürmten rein und streiften sich im Flur orangefarbene Armbinden über mit der Aufschrift ‚Kriminalpolizei'. Mir gelang es, noch schnell nach oben zu laufen und mich anzukleiden, denn ich hatte mich wegen meiner Nachtschicht zum Mittagsschlaf niedergelegt. Danach begrüßte ich . . . an der Treppe den Mitarbeiter Erdmann von der Ausländerbehörde. Er war uns bekannt von dem Polizeieinsatz vom 10.11.1984. Ich schaffte es, über die Treppe wieder nach unten zu gelangen und wollte durchs Gemeindebüro in die Kirche. Das wurde mir nun verboten. Es war überhaupt nicht möglich, das Büro zu betreten, da es voll war mit Polizisten. Auf meinen Wunsch hin, ins Gotteshaus zu gelangen, um dort zu beten, wurde mir gesagt: ‚Das ist jetzt nicht möglich.' Zwei Polizisten und eine Polizistin griffen mich und drängten mich in die Ecke zwischen Kirchentür und Kinderstundenspieltür. Die Polizistin nahm mich in den sog. Polizeigriff, d.h. sie drehte mir den Arm rum. Auf meine Aufforderung, das sein zu lassen, weil es mir sehr weh tat, ging sie überhaupt nicht ein. Daraufhin habe ich sie gebissen. Nun ließ sie mich los. Ich versuchte mich durchzukämpfen, um doch noch ins Kirchenschiff zu kommen. Daraufhin griff mich die Beamtin wieder mit vier weiteren Kollegen. Sie hielten mich so fest, dass ich mich nicht mehr rühren konnte. So musste ich mit ansehen, wie Susan Alviola und Alvin rausgetragen wurden. Susan wurde von fünf (!) Männern getragen. Sie schrie, strampelte und versuchte sich zu wehren. Mehr konnte ich nicht verfolgen, da ich festgehalten wurde, bis die Autos weggefahren waren."

Ein dritter Augenzeuge erklärte:

„Ich habe mich am 15.11.1984 gegen 14.15 Uhr in der ersten Etage des Gemeindehauses der St. Stephanus-Kirche in der Lutherotstraße 98 aufgehalten. Frau Susan Alviola war gerade in der Küche damit beschäftigt, das Mittagessen für die Kinder vorzubereiten. Als es an der Haustür klingelte, ging K. zum Eingang hinunter, öffnete die Tür und wurde sofort von einer reindrängenden Menschengruppe beiseite gedrängt. Dies konnte ich vom Treppenabsatz aus beobachten. Mir war sofort klar, dass es sich um Polizei in Zivil handelte. Es stürmten schätzungsweise 20 bis 30 Personen in das Gemeindehaus und durchsuchten sämtliche Räume. Ich hatte inzwischen noch Gelegenheit, Susan Alviola und ihre beiden Kinder ... im ersten Stock über die hintere Terrasse zu einem offenen Fenster der Kirchenempore zu begleiten. Die drei kletterten durch das Fenster in die Kirche hinein. Ich ging zurück ins Gemeindehaus, wo ich auf dem Treppenabsatz Herrn Erdmann von der Ausländerbehörde begrüßte, der mir von dem vorausgegangenen Polizeieinsatz vom 10.11.1984 morgens bekannt war. Herr Erdmann zuckte deutlich sichtbar zusammen, als ich ihn mit Namen anredete. Als ich ins Erdgeschoss gelangen wollte, wurde ich von Polizisten . . . daran gehindert. Bei dieser Gelegenheit fiel mir auf, dass ein Kamerateam mit grellen Scheinwerfern die ganze Szene filmte. Es muss sich offensichtlich um ein Team der Polizei gehandelt haben, denn wir waren unsererseits angesichts des überfallartigen Eindringens der Polizei . . . nicht mehr in der Lage, die Medien zu informieren. Ich ging wieder in die erste Etage, hörte nun grelle Schreie aus der Kirche, die offensichtlich von Susan Alviola und ihren Kindern stammten. Ich stieg . . . auch durch das Emporenfenster in die Kirche, rannte die Treppe hinunter und gelangte ins Kirchenschiff, traf dort aber die drei Alviolas nicht mehr an...

Die Polizei gab die Absperrung des Gemeindehauses dann Meter für Meter auf und ich konnte bis zur Eingangstür des Gemeindehauses kommen. Das Haus war die ganze Zeit über und auch jetzt noch von schlimmem Schreien und Weinen erfüllt, die offensichtlich von Frau Susan Alviola und Clarizze und Alvin stammten. Die Polizisten gaben einem wiederholt geäußerten Wunsch mit Frau Alviola persönlich zu sprechen nicht statt. Die Polizisten sagten nur: ‚Das geht jetzt nicht.' Mir wurde erst dann der Weg zur Haustür und schließlich nach draußen freigegeben, als Frau Alviola und die Kinder bereits aus dem Hause waren. Mir blieb nur noch übrig, den davonrasenden Autos hinterherzusehen. In einem – wahrscheinlich einem hellen VW-Bus – meine ich noch, Clarizze Alviola erkannt zu haben, die sich offensichtlich mit weit aufgerissenem Mund schreiend aufbäumte."

Solche oder ähnliche Ereignisse haben sich dann in den Räumlichkeiten in der Kirche in Deutschland nicht mehr wiederholt. Als Susan Alviola auf die Philippinen zurückkehrte, titelte eine philippinische Tageszeitung: „Hitler again?" Und das, obwohl die philippinischen Journalisten diesen Polizeieinsatz im Einzelnen noch gar nicht kennen konnten . . .

Einige Jahre später ließ sich Susan Alviola von ihrem Ehemann vor einem Gericht in Hongkong scheiden. Nur ganz kurze Zeit hatte sie sich auf den Philippinen aufgehalten. Von Hongkong aus wanderte sie schon recht bald nach Kanada aus, wo sie seit vielen Jahren als Krankenschwester tätig ist und mit einem deutschen Journalisten verheiratet ist. Auch wenn man nicht nach Recht und Gesetz fragt: Welchen Sinn hatte eigentlich diese Abschiebung vor dem Hintergrund von Geschichte? Und wie vergänglich war und ist das, was Gerichte zum Schicksal dieser Seemannsfamilie zu sagen hatten? . . .

Der Autor

Dr. Rolf Geffken, Fachanwalt und Autor in Hamburg und Cadenberge seit 1977. Leiter des Instituts für Arbeit – ICOLAIR. Lehrbeauftragter an der Universität Oldenburg.

Der Autor vertrat seit seiner Zulassung als Anwalt im Jahre 1977 viele deutsche und ausländische Seeleute. Er promovierte 1978 über das Thema „Seeleutestreik und Hafenarbeiterboykott" an der Universität Bremen und veröffentlichte in drei Auflagen eine alternative Geschichte der deutschen Seeschifffahrt unter dem Titel „Jammer & Wind". 1988 war er Sachverständiger im Verkehrsausschuss des Bundestages bei der Schaffung des „Internationalen Seeschiffahrtsregisters". Zudem legte der Autor kritische Denkschriften zum Deutschen Schifffahrtsmuseum in Bremerhaven und zum Internationalen Maritimen Museum in Hamburg vor.

Neben zahlreichen Fachveröffentlichungen u. a. zum Arbeitsrecht in Deutschland (zuletzt: „Prekarisierung der Normalarbeit" in „Arbeitsunrecht", Hrsg. Werner Rügemer) und zu China (u. a.: „Arbeit in China", NOMOS 2004 und „Der Preis des Wachstums", VSA-Verlag 2005) erschienen u. a. von ihm die Lehrerbiografie „Ein norddeutsches Jahrhundert" 3. Auflage 2009, im VAR-Verlag und sein Erstlingsroman „Shanghai Angel in Germany" im Schardt-Verlag Oldenburg 2010.

Mehr zum Autor unter: www.DrGeffken.de

Weitere Titel unserer Reihe
„acht Grad Ost hinterm Deich"

Die Schreibverrückten
An der Mordseeküste
Spannende Krimi-Kurzgeschichten und -gedichte aus Bremerhaven
148 Seiten, Euro 9,99

Peter Oster
Dor kannst wat beleven – Küster Kalli vertellt
Plattdeutsche Geschichten mitten aus dem Leben mit viel Augen-
zwinkern, aber auch ernsthaften Hintergründen
108 Seiten, Euro 9,99
Vorgesehener Erscheinungstermin: Herbst 2011

Stadtlandschaften
Bremerhavener Autoren und Künstler erleben Ihre Stadt
ca. 128 Seiten, Euro 9,99
Vorgesehener Erscheinungstermin: Frühjahr 2012

Stand: August 2011